中国经济开放论坛

国企改革

难点突破与路径选择

张晖明 钟宁桦 黄少卿 潘英丽 主编

格致出版社 上海人民出版社

序

党的十八届三中全会以来，国企改革成为经济体制改革的重头戏。截至 2014 年中期已有 18 个省和直辖市政府出台了国企改革方案。与 1997 年党的十五大会议部署的国有资本战略调整以竞争性行业国企民营化改革的特征不同，本次国企改革以引入多元投资主体的混合所有制改革（下文简称为混改）为主要特征。各省市的国企改革方案均提到推进国企的股份制改革，引入多元化投资主体；利用多层次资本市场，推动国有企业上市等内容；部分省市还提出了国有资产证券化率的具体目标。国企体制机制造成的低效率已在产能过剩、债务积累和国有资产耗散和流失等方面形成严重局面。可以说国企改革是中国经济体制改革中最复杂和艰难的攻坚战。虽说新一轮国企改革已箭在弦上，不得不发，但仍有重大的理论与实践问题有待研究和解决。

党的十八届三中全会将混改提到了一个新的高度，各种顶层设计文件陆续发布。但在实践中，混改落地的案例却不多。究其原因在于微观层面的激励不相容。从改革者的角度看，混改面临较大的决策风险，尤其是国有资产流失问题，使得改革者面临风险与收益的不平衡。而从民营资本的角度看，政府诚信问题、国企公司治理的特殊要求等，也使得民企疑虑重重。在操作层面也存在一些问题，比如国有企业的混合所有制改革与去产能、去杠杆是什么关系？在“不患寡、患不均”的传统文化背景下，如何吸取“通钢事件”的教训，避免员工持股计划等激励措施造成冗余员工安置的反复与利益冲突。为了梳理和破解这些复杂问题和疑惑，“中国经济开放论坛”于 2017 年 6 月 5 日在上海交通大学安泰经济与管理学院召开了“国企改革和混合所有制改革”闭门会议，来自北京、上海、武汉等地的学者、金融机构首席经济学家和企业高层管理者进行了深入的研讨和交流，期望此论文集能较为准确和系统地反映会议成果，供相关理论和实践工作者以及决策部门决策参考。

“中国经济开放论坛”是一个学术与政策研究论坛，创设于 2016 年 1 月。由上海交通大学安泰经济与管理学院、上海交通大学中国发展研究院与北京大学国家发展研究院共同发起与主办。论坛具有开放性，没有学科专业、理论流派和研究范式的限制，由关注和研究中国经济的海内外学者、政府部门和实业界的经济学家共同参与，不定期地在上海和北京等地举行专题研讨会。开放论坛的宗旨有三：其一是积极发挥“临床经济学”实验平台的作用，以重大、复杂和紧迫的经济问题作为主要研讨对象，对中国经济改革和发展过程中重要的理论、实践和趋势性问题进行多视角的探讨和会诊，并尽可能给出可行的解决思路，供政界、业界和学界参考。其二是帮助克服个人的认知局限性。世界的复杂性已超越了个人的认知能力。个人也不可避免地存在认知上的偏见，我们看到的常常只是我们愿意看到的世界，加上信息爆炸和传播方式的革命，我们对世界的认知正在出现碎片化趋势。为此，开放论坛提供一个“盲人摸象”

后的交流平台，期望与会者基于不同经验和视角的研究经过交流后，能够为所探讨的复杂问题提供一个系统、深入和清晰的解释。其三，开放论坛提供一个共享学习和进步的平台，参与者能够在此互相学习、取长补短，分享真知灼见，共享智慧碰撞和升华的美好时光。

与本次闭门会议的相关专题相对应，论文集将由五篇构成。第一篇“国有企业分类改革及其深化”，由张晖明、罗知、葛培键的三篇演讲稿和杨瑞龙、王勇的两篇论文构成。

中国人民大学杨瑞龙教授系统探讨了国有企业的分类改革。他建议，在划分国有企业为商业和公益两类的基础上对那些“公共产品、公益类产品以及关系国家安全和国民经济命脉的重要行业和关键领域”进行科学的细分，向社会公布“行业细分清单”，使国企分类有一个公开、客观的分类标准，加大商业类国企的改革力度，打破对民营资本人为设置的进入壁垒。他认为，国资委的监督职能还不能仅限于管资本，对公益类企业需要微观监管以保证必要的公共产品供给，保证质量，满足社会需要；兼顾“管资本”，即控制成本，提高公共产品供给效率。对自然垄断行业的国有企业，国资委应以“管资本”为主兼“管资产”。通过管资产实现超越利润目标的社会目标，通过“管资本”实现国有资本保值增值，而对竞争性领域的国有企业，只履行“管资本”职能，追求利润最大化。杨瑞龙认为，对高管既要有激励也要有约束。高管薪酬应透明，身份应规范，宜分类分层选择差异化的激励模式。

复旦大学张晖明教授在回顾中央关于国企改革相关文件内容的基础上，对“国企”和“国资”概念的简单化使用造成的认识误区做了澄清。他认为，只有国有独资企业才可以直接被称为国有企业。将已经改制为多元出资主体的企业称为国有企业，是无视其他出资主体的存在。不同主体持有的股权数量有大小，但彼此平等合作，同股同权同利。国资委不能全资要管，控股要管，参股还要管。国企改革有了“分类”，还要“分层”。强调以投资链条延展派生的产权关系层级和产业领域层次，明确公有制中与中央及省、地、县、乡五级政府主体相一致的政府所有权。加快组建国有资本经营公司，具体承担行使出资人权利的当事人，作为配套改革重要内容。要防止“伪混”和“为混而混”。真正的“混”是不同性质所有制之间的合作，深层次改革涉及“产业的开放性”。行政垄断行业在产品价格未能市场化背景下的混改则可能造成利益输送与国有资产流失。这是需要创造更加严苛的外部条件才能实现的改革任务。混合所有制企业是投资各方资本的融合和合作。对企业的治理行为只能是通过股东大会和董事会的决策程序进行，股东不能直接向混合所有制企业下达指令，既往的政府直接向企业下达指令的做法必须改变。由此决定了改革急不得也等不得，快不得也慢不得的辩证关系。“混”的背后是产权的开放、市场准入的开放，每一个社会参与者都要有开放的胸怀，要有平等合作意识，要有法治精神。

上海张江高科技园区开发股份有限公司葛培键总经理谈了政企不分成为国有企业改革的体制性瓶颈的切身体会和独立思考。他认为，政企不分源自行政体制与市场体制的冲突。解决政企不分要求政府调整职能定位，企业转换地位，监管不能缺位。国有企业所依法律应从《企业法》转向《公司法》，政企关系应从行政隶属关系转变为以股权为纽带的出资人管资本关系。推进改革的方向是坚持“去行政化”，推动改革的动能是坚持“走市场化”，保障改革的关键是坚持“促规范化”。政企分开，破解行政与市场体制机制冲突的关键是要实现三者的有机统一。

武汉大学罗知副教授以“转型时期的国有企业”为题探讨了国有企业承担的多重任务，及其所造成的效率损失，并提出相应的国企改革方向。她认为，国有企业在传统政策性负担得以减轻的背景下，仍然承担着帮助政府保增长和维护社会稳定的多重任务。多重任务带来多方面的效率损失。一是国有企业行为的短期化，管理层只注重任期内经济考核，包括固定资产投资、长期投资、创新研发投资，都表现出非常明显的短期化。二是要素价格扭曲，政府通过金融体系提供低成本资金补贴国有企业，加剧了资本价格扭曲和社会资源配置效率的恶化。政策建议是，国有企业尽可能退出竞争性行业；在关系国计民生无法退出的产业，对国有企业的监管应放在防范国有资产流失，而不应放在日常经营管理上；应在减少约束的前提下延长董事长任期，将高管的任命和考核权下放给董事会，取消国有企业董事长行政级别，尽可能阻断国企董事长晋升为官员的通道。国有企业体制改革还必须伴随官员考核体制改革，如果官员始终以 GDP 作为考核的首要目标，他必然会干预国有企业经营行为，将国有企业作为其提升政绩的重要工具，将国家控股或参股银行作为“提款机”。

北京大学新结构经济学研究中心王勇提交了“‘垂直结构’下的国有企业改革”一文，从国有企业与民营企业在上、下游产业链上行业分布的变化入手，根据其提出的“垂直结构”理论，解释为何国企和民企的相对利润率呈现一波三折的态势，并且分析这个过程中国企与民企之间的互动关系。他认为，2008 年国际金融危机以来，外需相对下降，由民营企业主导的下游部门的出口受到很大抑制，导致下游部门对于某些关键的由国有企业垄断的上游产业的引致需求随之下降，进而引起上游国企的利润大幅下降，使上游产业中僵尸企业的比重高于下游产业。“垂直结构”逻辑证明，如果不尽快对上游国企进行改革，那么随着劳动力成本、土地成本的不断提高和人民币的升值，上游国企垄断的金融、能源等中间服务与中间产品的高昂成本将可能会成为压垮下游民营企业的“最后一根稻草”。如果下游民营企业被压垮，那么上游国企本身的盈利能力也会降低，进而拖垮整体经济的增长。因此，国企改革刻不容缓并且应该循因施策，认清当前国企改革与上世纪 90 年代国企改革的关键差异，把控好国企改革的速度和次序；应引入竞争机制，降低上游产业进入壁垒，打破国企行政垄断；适应市场环境调整上游国有企业的产能结构并且需要逐渐剥离国有企业的政策性负担。

会议和论文集的第二个专题涉及低效率国企占用过多金融资源的问题，探讨了“国企如何去杠杆并加强资本市场的约束机制”。

同济大学钟宁桦教授探讨了国有企业去杠杆问题。他认为，全球金融危机后，政府出于保增长的考虑，要求国有企业扩大投资，国企投资增速保持在 15%—20% 左右，致使负债率不断上升，并陷入更为严重的产能过剩和借新还旧的困境，造成金融资源错配和社会资源的浪费。提高金融资源的配置效率，已经到了刻不容缓的时候。就企业债务的结构来看，债务主要集中在少数国有或国有控股企业。2015 年，我国上市公司中负债最多的 50 个企业的总负债占当年所有上市公司负债总额的 54%。而负债最多的 300 个企业的总负债则占到所有上市公司负债总额的 82%。提高金融资源配置效率要求国有企业去杠杆。当前亟须用市场化的方式来处置僵尸企业的债务问题，如果继续加杠杆，问题只会越来越大，最终严重影响金融机构和局部金融市场。国企去杠杆需要从体制改革入手，改革政府官员、国企高管的激励和晋升机制；弱化 GDP 增速在考核中的重要性；强化市场竞争，更多发挥市场机制在监督国有企业中的作用。

北京大学汇丰商学院何帆教授与朱鹤研究员陈述了国企杠杆率的基本事实，并探讨了国企去杠杆的困难和应对之策。国有企业是非金融企业部门负债的主要承担者，在企业部门的负债构成中国企占比常年保持在 70% 以上，而 2015 年负债总额与 GDP 之比为 134%。国企加杠杆的效率下降，地方国企是加杠杆的主力。国有企业债务分布的地域差别明显，呈中部向周边扩散型分布。国有企业杠杆率的行业分布特征明显，房地产业、建筑业的杠杆率最高，分别达到了 72.19%、70.96%；并且与交税比率高度相关，部分解释了地方政府为何鼓励国有企业加杠杆。国企去杠杆存在困难：国有企业的职能过多，背负稳税收、稳就业和稳增长的额外负担。去杠杆意味着资产和负债两端同时承压。资产处置对应着沉没成本的流失，对国企负责人形成负向激励。负债端导致国有银行面临损失压力。国有企业过于追求去杠杆的效率，反而导致经营效率下降。明股实债的债转股，名义上降低了杠杆率，但股权要求的回报要高于债权，反而增加了企业的流动性压力。建议国有企业去杠杆要在控制增量的基础上处置存量；鼓励国有企业自查历史坏账，然后由中央管理部门集中处置；兼顾杠杆率的水平和效率，要考察企业的收益率水平和融资成本，好的杠杆可以保留，甚至依照需求增加，坏的杠杆则进行有序的压缩；通过资产证券化、不良资产转让等多种方式化解不良贷款，损失的资本金财政部门应及时补充，如发行特别国债筹集资金、允许银行发行优先股以补充资本金等。

东方证券首席经济学家邵宇探讨了杠杆在家庭、企业、政府、金融机构和央行之间的转移与平衡问题。他认为，中国可能即将来到金融周期的高峰时段，2018 年前后很可能会滑落。与美欧类似，中国过去 30 年里，M2 大都以超过 GDP 5 个百分点的速度增长。超额购买力的堆积导致泡沫的积累。国企和地方政府是债务高企部门。2015 年末提出去杠杆以来所做的努力，主要体现为通过房地产去库存和 PPP 以及资本市场并购联姻等方式向家庭以及民营创新性企业实现杠杆的转移。针对资产价格泡沫高企、代理链条拉长和“萝卜章”等金融乱象，从 2016 年三季度起，央行开展流动性收缩操作，希望通过提高银行间流动性供给成本，挤压金融机构利润，并降低其资产规模和杠杆。邵宇指出，去杠杆是个长期任务，操作不当会引发费雪的债务—通缩循环。这次杠杆的调整过程只是杠杆在各个部门之间的再次平衡而已。更深层次、更为根本的问题是中国这个开放、转型、追赶型和中央集权型经济体的整个宏观政策框架如何构造。整个货币供应、财政政策调整和实体经济增长动能要有一个系统的安排，没有完整的解决方案，局部均衡就是伪均衡。未来最关键的问题是要确定维持多少总体杠杆比率和分部门比率才是合适的，需要通过生产要素投放和新经济的成长去吸收已经释放的流动性。

交通银行首席经济学家连平和范林凯研究员分析了商业银行与国有企业间债转股的进展及其对银行信用风险及其业务发展的影响。截至 2017 年 8 月 8 日，商业银行签约的债转股规模已超过万亿元。商业银行大都采取“类明股实债”的方式引入社会资本以股换债。债转股标的主要是强周期产业内拥有优质资产和上市平台的龙头型国有企业。债转股前后商业银行承担的风险性质及大小并无显著变化。债转股有助于企业降低财务成本，改善经营，促进“僵尸企业”出清。同时也有助于商业银行合法投资非金融企业股权，积累股权投资经验，并以设立子公司的方式获得股权投资准牌照，促进银企之间业务的协同发展。但债转股亦可能导致商业银行短期利润受损，资本充足率下降，并以放弃债权的优先清偿次序为代价。他们建议，商业银行应审慎推进市场化债转股工作，完善筛选标准，形成专家团队，做好条款设计和成本测算；积极参与公司治理；并加强行内协同，争取更多业务机会。商业银行也应站在综合经营的战略高度推进债转股，强化对经济周期、行业周期、企业经营前景等基础领域的研究，提升波段式参与股权投资的能力。

第三个专题探讨国企如何去产能以增进效益的问题，也对僵尸企业与产能过剩的关系进行了学术讨论。

中央财经大学陈斌开教授分析了国企政策性负担阻碍去产能和国企改革的机制。他用超额雇员率作为国企政策性负担的显性指标。研究发现，超额雇员率越高，过剩产能越严重，僵尸企业比重也越高。政策性负担会导致企业激励机制扭曲。有政策性负担就需要政府政策补贴。在此情况下，企业经营得好与不好，很难区分是经营者的行为所致还是补贴或政策性负担造成，企业将致力于补贴最大化而非效益最优。剥离政策性负担是国企去产能和国企产权制度改革的必要条件。政府应以去产能为契机，将财政奖补资金引入社保体系来解决超额雇员的安置问题，以此推动国企管理制度从管企业向管资本转型。

上海交通大学黄少卿副教授从产业政策入手讨论中国长期实行的扶持性产业政策促成僵尸企业的机制，并为治理中国僵尸企业提出相应对策。他们用僵尸企业在行业中的数量占比作为解释变量，用该行业得到补贴的企业数量占比作为衡量产业政策强度的代理变量和解释变量。回归分析发现产业政策对于滞后三期、四期、五期的行业僵尸企业数量占比都有一个正影响，并且具有显著的统计意义。扶持性产业政策让一部分低效率企业留在了市场，降低了僵尸企业退出率，进而降低了整个行业乃至国民经济整体的生产效率。我们只有退出长期实行的扶持性产业政策，才能加快僵尸企业退出步伐，有效提高经济运行的效率和质量。另外，研究也发现，除了国有企业、大型企业僵而不死外，还存在大量民营小微僵尸企业。这可能是在中国破产成本过高所致。建议修订《企业破产法》，引入简易破产程序，加快小微僵尸企业退出市场的步伐，以形成更健康的“双创”新动能。

中央财经大学教师申广军实证分析了中国制造业的僵尸企业与产能过剩问题。他认为，僵尸企业不仅自己就是产能过剩企业，而且还降低了本地同行业正常企业的产能利用率。研究发现，一个地区或者一个行业的僵尸企业比例提高一个百分点，正常企业的平均产能利用率就会下降接近两个百分点。僵尸企业获得的资源更多，获取的补贴更多，所得税率更低，能借到更多钱，资产负债率更高。从而挤占了健康企业可获得的资源并加重了它们的税收负担。僵尸企业是产能过剩问题的来源之一。去产能的重心应该放在加快僵尸企业的退出上。

第四个专题探讨混合所有制改革和国企内部激励兼容机制如何推进的问题。

复旦大学章奇副教授作了题为“市场环境与国企改革”的演讲，重点讨论国有企业形成软预算约束的环境。软预算约束意味着对资源的无休止消耗，这个过程长远看没有人能够承担得起，问题的关键是为什么软预算约束问题会持续存在。基于所有制的“父爱主义”可能只是表象，更重要的是企业未能受到充分竞争的市场环境约束。如果企业不是根据市场竞争条件进行经营决策，而是被政府施加外生的政策任务，这导致企业的经营绩效与其经营能力不相关，而政府因向企业分配了政策任务而必须承担其支援企业的责任。从政策任务角度考虑的软预算约束形成机制，在计划经济或局部市场化条件下是存在的，能解释历史遗留问题；但增量问题更需要联盟创建机制来解释。软预算约束不仅仅是政府给企业施加政策任务造成，某种意义上讲，这是双方选择并乐意达成的一个结果。考虑到企业谈判能力变量后，由政府部门设置的政治标准或政策任务，必然会引起逆向选择和道德风险问题，这是软预算约束的双重问题叠加，混改与国企分类改革依然难以根治这类问题。

来自证券公司的分析师对混合所有制改革及员工持股的现状与问题进行了分析。中信证券首席市场策略师刘斌作了“以员工持股为突破口，加快混改进程”的演讲。他认为，员工持股提高了改革的收益—风险比率，为企业管理层注入改革动力。员工持股也有利于提升民资参与混改的信心。员工持股将国企管理层与民营股东的利益绑在一起，国企管理层不再是传统意义上的“官员”，而是更加注重经营绩效和市场化运作的企业家。另外，在现行规则下，国企进行员工持股的重要前提就是股权多元化，这无形中增强了国企管理层推动股权多元化动力。员工持股计划是增强改革者激励和民营资本信心的突破口和抓手。因此，政府应进一步放开试点额度和试点的主业范围，选择企业应一视同仁，另外，需要放开核心管理层的持股，员工持股的入股价格和转让价格都应采取评估价格。中国银河证券策略分析师姚玭作了“国企混合所有制改革：效率优先”的报告。她首先分析了国企效率偏低的现状和原因，提出应以效率为先推进混合所有制改革，讨论了混合所有制改革的主体、混合的四种方式以及混合中的对价方式，并对实践中的案例作了有针对性的分析。长江证券分析师张宇生分享了行业视角的混合所有制改革的经验和前景。他认为，混合所有制改革的推进需要一个更加稳定、完善的政策环境。从混改相对成功的公司经验看，股份的多元化、规范的公司制和法人治理结构、职业经理人制度与市场化的内部机制都是改革成功的核心要素。混合并不仅仅要混起来，更多是要让它未来变得更好。混改已从之前更加稳妥的行业逐步推进到国有资本占比更高的领域，比如交运和电力。混改会在未来和改革中扮演越来越重要的角色。

最后，论文集的第五篇引入了中国人民大学刘瑞明副教授和上海交通大学潘英丽教授的文章，探讨了国企改革的新路径。

刘瑞明的论文题为“多重困局中的国有企业改革：寻求第三条道路”。他认为，应该站在整体经济改革和国民福利角度探讨“国企改革”，而不能仅仅着眼于改善企业微观效率。他提出“去亏损，去补贴，去垄断，降国有比重，补国库资金”的“三去一降一补”建议，强调改革的顶层设计应分两方面：一方面，竞争领域的中小国有企业应该继续民营化、股份化，通过放松金融管制、消除市场分割、削弱要素垄断和平衡地区经济发展等来释放整体经济活力。另一方面，处于垄断地位的国有企业和央企，不应该推混合所有制改革，这只会改变垄断利润的分配。理想的央企改革路径，第一步是回归国有企业的“国民福利”属性，大幅提高其利润上交比例，充实到国家财政和社保基金里，以此推动其他改革稳步推进；第二步，在改革后期对一部分超大型国有企业进行分拆、引入社会资本，加强竞争、提高效率，避免“权贵资本主义”及其对国家的绑架，走向现代成熟市场经济体制。

潘英丽的文章讨论了“国企重镇东北的增量改革”。她认为，以往东北振兴政策未能取得成功，很大程度上是因为新资源被旧体制吞食，而无助于有效率的企业组织的形成。旧体制上复制新制度相对困难并且容易形成扭曲。东北三省可在自然环境良好、经济相对落后的地区分设改革试验与新产业发展的特区，以先进制度整合外来资源，排除旧势力扭曲新制度、抑制外来新生力量的可能性。特别行政区可具有地级市行政级别，归国家发改委直管，税收由省市两级政府分成。同时，产能过剩的国有企业改革可以降薪休假、下岗培训、带职停薪等更为温和的方式部分去产能，近中期以维持社会经济稳定为直接目标。条件成熟时通过分拆出售子公司/分公司方式瘦身。让民营和三资企业在特别行政区重点发展直接为消费者服务的各类中高端产业，并逐步吸收国企释放的冗余人员。政府可以土地和自然资源入股形成国有股权，以财务投资者身份分享企业成长成果。特区初创期可实施税收优惠政策；特区官员可由中央政府从沿海开放省市干部中选派或向社会公开招聘；高效率行政基础上实施高薪养廉的薪酬制度。

本次论坛的研讨成果有诸多的新意和收获，与前四次闭门会议一样，在这里结集出版以便于交流并求教于社会各界和读者诸君。

张晖明　钟宁桦　黄少卿　潘英丽

2017 年 12 月 1 日

作者简介

陈斌开

中央财经大学经济学院教授、副院长，北京大学经济学博士，美国威斯康星大学访问学者，世界银行研究顾问，入选2015年教育部“长江学者”(青年项目)、2014年中组部“青年拔尖人才”（万人计划)、2014年北京市“优秀青年人才”和2012年教育部“新世纪优秀人才”。研究兴趣主要包括发展经济学和宏观经济学，在 *World Development*，*Oxford Bulletin of Economics and Statistics* 等 SSCI 源刊发表英文论文多篇，在《中国社会科学》《经济研究》等国内外一流经济学刊物发表论文20余篇。主持国家社科基金重大招标项目等课题多项。

葛培键

DBA工商管理博士，同济大学发展研究院高级研究员、咨询委员。现任上海张江高科技园区开发股份有限公司总经理。历任共青团上海市委青工部部长、常委，浦东新区财政税务局办公室副主任，浦东新区国有资产管理办公室产权管理处处长，上海浦东路桥建设股份有限公司董事长、党委书记，上海浦东发展（集团）有限公司党委副书记、纪委书记、副总裁，上海张江（集团）有限公司党委副书记。长期以来专注资本市场、公司治理、国企改革和企业管理等方面的研究，有着丰富的私募股权投资实务经验、资本市场实践经验、行业人脉资源以及企业实际运作经验。著有《企业直接债务融资操作实务》《基础设施 BT 项目运作与实务》《企业资产证券化操作实务》等，于《董事会》《上海改革》《上海国资》等期刊发表文章 20 余篇。

何　帆

北京大学汇丰商学院经济学教授、海上丝路研究院执行院长。曾任中国社会科学院世界经济与政治研究所副所长、财新传媒首席经济学家、中国人民大学重阳金融研究院首席经济学家。何帆教授是中国最活跃的中青年经济学家之一。他的研究领域包括：中国宏观经济、国际金融和国际政治经济学。他出版了 10 余部专著，在国内外专业期刊发表学术论文 100 多篇。其他学术和社会兼职包括：中国人民银行汇率专家组成员、财政部国际司顾问、商务部 WTO 司顾问、中国世界经济学会副会长、新兴经济体研究会副会长、中央电视台财经频道特约评论员、新华社特约观察员、世界经济论坛（达沃斯）青年全球领袖、亚洲社会青年领袖、美中关系委员会青年领袖、央行行长及学者 30 人小组（Bellagio Group）成员。何帆教授于 1996 年和 2000 年分别获得中国社会科学院研究生院经济学硕士和博士学位。1993 年毕业于海南大学。1998—2000 年在哈佛大学进修。

黄少卿

经济学博士，上海交通大学安泰经济与管理学院副教授，曾任职中欧国际工商学院民营企业研究中心。主要研究领域：政治经济学、发展经济学、产业经济学、中国经济。学术论文主要发表在 *World Development*、*China & World Economy*、《金融研究》、《中国工业经济》、《世界经济与政治》、《经济学动态》、《经济社会体制比较》等国内外期刊，出版《走出发展的陷阱》《基础设施投资：资金来源、投资效率与地方政府财政风险》《经济转轨中的合同执行》和《供应链金融》等著作。

连　平

交通银行首席经济学家，博士，教授，博导。中国首席经济学家论坛理事长、中国金融 40 人论坛常务理事和资深研究员、中国银行业协会行业发展研究委员会主任、国家金融与发展实验室理事，中国社会科学院上海研究基地学术委员、享受国务院政府特殊津贴。多次出席国务院总理主持的专家座谈会。主要研究领域涉及宏观经济运行与政策、国际金融和商业银行。发表文章 480 余篇，出版著作 14 部，主持完成国家级、省部级以上研究课题 30 余项。专著《利率市场化：谁主沉浮》获中国银行业发展研究优秀成果评选（2014 年）特等奖。获评新浪财经 2015 年银行业综合评选“年度领袖经济学家”。

刘　斌

北京大学经济学硕士，中信证券市场研究部首席市场策略师。2010 年加入中信证券。历任研究部非银金融分析师、政策研究高级分析师。对宏观、政策和金融等有着长期的研究和跟踪。

范林凯

交通银行博士后科研工作站博士后，上海财经大学经济学博士。研究领域涉及商业银行风险管理、产能过剩机理及治理，公开发表论文十余篇。

刘瑞明

中国人民大学国家发展与战略研究院副教授，复旦大学经济学博士，近年来以独立作者和第一作者身份在《经济研究》《管理世界》《世界经济》《经济学季刊》等杂志发表30余篇文章，担任《经济研究》《管理世界》等十余家杂志的匿名审稿人。主持国家自然科学基金项目、教育部人文社会科学基金项目等多个项目。曾获得“第六届黄达—蒙代尔经济学奖”“全国优秀博士论文提名奖”“教育部博士研究生学术新人奖”“首届谭崇台发展经济学奖”“教育部高等学校优秀成果奖”等学术荣誉。

罗　知

博士，副教授，任教育部人文社会科学重点研究基地武汉大学经济发展研究中心副主任，武汉大学“珞珈青年学者”，亚洲开发银行研究顾问。主要研究兴趣是国有企业改革、城镇化和国际资本流动，在 *World Economy*、*China Economic Review*、*Annals of Economics and Finance*、《经济研究》、《管理世界》、《金融研究》、《中国工业经济》、《经济学（季刊）》、《统计研究》、《数量经济技术经济研究》等期刊发表论文数十篇，主持两项国家自然科学基金，担任多本期刊的匿名审稿人。

潘英丽

现为上海交通大学现代金融研究中心主任，安泰经济与管理学院教授，上海市政府决策咨询研究基地潘英丽工作室首席专家，中国世界经济学会常务理事，上海市世界经济学会副会长。主要研究领域为宏观经济学、国际金融理论与政策。近期主要成果有：《国际金融中心：历史经验与未来中国》（2010，三卷本）、《十字路口的金融体系：国际经验与中国选择》（中英文国际论文集，主编之一，2013）、《国际货币体系未来变革与人民币国际化》（2014，三卷本）。1996年因为发展我国社会科学教育事业作出的突出贡献，获得国务院政府特殊津贴。2002—2011 年担任中国海运集团公司专家委员会委员。2011 年以来担任招商银行独立董事。

邵　宇

金融学博士，中国社科院博士后。英国牛津大学 SWIRE 学者，复旦大学金融研究院研究员，南京大学工程管理学院、厦门大学经济学院兼职教授。陆家嘴沙龙理事会秘书长，中国首席经济学家论坛理事，新供给经济学 50 人论坛成员。央行货币政策委员会专家成员。曾任上海市宝山区发改委副主任，复旦大学国际金融系副系主任、CFA 项目主任，西南证券研发中心总经理，宏源证券研究所首席分析师。《华尔街日报》、《金融时报》、财新网专栏作者。2011 年加入东方证券，目前任集团公司总裁助理、集团公司首席经济学家。研究领域覆盖全球宏观、中国宏观、权益债券投资策略和金融工程。代表作品包括《全球化 4.0》《新政机遇》《穿越镀金时代》《危机三部曲》《微观金融学及其数学基础》等。2014 年度中国青年经济学人，上海十大青年经济人物。

申广军

中央财经大学经济学院讲师。2015 年于北京大学国家发展研究院获经济学博士学位，美国威斯康星大学访问学者。研究兴趣为发展经济学、劳动经济学和区域经济学，论文发表于《经济研究》《管理世界》《经济学（季刊）》和 *China Economic Review* 等期刊。曾主持国家自然科学基金、教育部人文社科基金等科研项目。所著论文曾获得第三届刘诗白经济学奖（2016 年）。

王　勇

北京大学新结构经济学研究中心创始成员之一、学术副主任、经济学副教授、博导。芝加哥大学经济系博士，师从 Myerson，Becker，Hansen，Lucas 等四位诺贝尔奖得主。曾任教于香港科技大学经济系。2010—2011 年担任世界银行常驻研究员。世行、亚开行、美联储的咨询专家。研究领域为经济增长、宏观发展与贸易、政治经济学、中国与印度经济等。最近研究包括结构转型、产业升级与产业政策、中等收入陷阱、内生性宏观政策、国企改革、中美贸易与汇率等。在 *Journal of Development Economics*，*Journal of Monetary Economics* 等国内外学术期刊发表论文数十篇。担任 *China Economic Review* 等数家中外学术期刊的特约编辑。

杨瑞龙

中国人民大学二级岗位教授，教育部“长江学者”特聘教授，人事部“百千万人才工程”国家级人选，教育部“跨世纪优秀人才支持计划”入选者，享受国务院政府特殊津贴。曾任中国人民大学经济学院院长，兼任北京市经济学总会常务副会长、英国杜伦大学客座教授及国内多所大学兼职教授等职。出版《宏观非均衡的微观基础》《企业的利益相关者理论及其应用》等多本专著，在《经济研究》《中国社会科学》等专业杂志上发表学术论文 200 余篇。他所提出的国有企业分类改革战略、双层股份制模式、利益相关者合作逻辑与企业的共同治理、我国制度变迁方式的三阶段转换假说、重构宏观非均衡的微观经济学分析基础等都在学术界产生了广泛的影响，成果被引用率和被转载率较高。曾获第八届和第十届孙冶方经济科学奖。

姚　玭

中国银河证券研究部策略分析师，上海财经大学管理学硕士，2012 年加入中国银河证券研究部，5 年宏观策略研究经验，主要研究 A 股策略、宏观经济、大类资产配置及行业比较等领域，目前负责银河策略研究团队工作。

张晖明

教授，复旦大学长江经济带研究院副院长、复旦大学企业研究所所长；兼任上海市政府发展战略研究咨询委员、上海市经济体制改革研究会副会长、上海市科学学研究会副会长、上海市创业指导专家志愿团副理事长；比利时鲁汶大学和日本关西大学客座教授。曾任复旦大学经济学院副院长、复旦大学文科科研处处长、复旦大学太平洋金融学院院长；主要研究领域：社会主义经济理论、国有资产管理理论、现代企业理论与实践、产业发展经济学、区域发展经济学。主持省部级以上科研项目十余项，并获省部级以上科研奖九项。主要专著有：《中国国有企业改革的逻辑》《现代企业产权理论解析》《国有资本存量结构调整研究》《科技体制创新与跨越式发展》《率先探索的实践与思考——上海国资改革十年总结前瞻》《包容与互洽：政府与市场在产学研结合中的作用研究》等；在国家级核心刊物发表论文 200 余篇。

章　奇

北京大学经济学博士和美国西北大学政治学博士，现为复旦大学经济学院中国经济研究中心副教授。主要从事制度经济学和政治经济学领域的研究，目前研究兴趣为精英政治的逻辑及其对政策制定和资源配置的影响。其专著《权力结构、政治激励和经济增长：基于浙江民营经济发展经验的政治经济学分析》由格致出版社于 2016 年出版。

张宇生

长江证券资深策略分析师；本科与研究生均毕业于清华大

学经济管理学院，经济学学士，金融学硕士；曾任职于广发证券发展研究中心策略组。

钟宁桦

同济大学经济与管理学院教授。2015 年获得中国经济学领域最高奖孙冶方经济科学奖。其独立完成的论文还曾获教育部高校科学研究优秀成果奖二等奖、“中国农村发展研究奖”（“杜润生”奖）、上海市哲社优秀成果二等奖等重要奖项。2016 年当选上海市教卫工作党委系统优秀共产党员、曙光人才和上海市年度“社科新人”；2014 年入选上海市浦江人才。在 *Journal of Labor Economics*、*World Development*、*Journal of Comparative Economics*、《经济研究》、《金融研究》等期刊发表论文十多篇。

朱　鹤

北京大学汇丰商学院海上丝路研究中心主任助理，北京大学博士后，中国社会科学院世经政系博士。澎湃新闻专栏作家，兼任北京工商大学证券期货研究所研究员。在《国际金融研究》《国际经济评论》《金融评论》《财贸经济》《中国软科学》等核心期刊发表 20 余篇学术论文。在人民网、FT 中文网、《经济观察报》等国内主流媒体发表评论文章 50 余篇。主要研究领域为国际金融与开放宏观经济学。

目 录

第一篇　国企分类改革及其深化 | 001

第 1 章　国有企业分类改革：目标与路径 | 003

第 2 章　深化国企改革："分类"加"分层" | 017

第 3 章　政企不分：影响国企改革深化的制度性瓶颈 | 034

第 4 章　转型时期的国有企业 | 042

第 5 章　"垂直结构"下的国有企业改革 | 049

第二篇　国企去杠杆与加强资本市场约束机制 | 079

第 6 章　弱化 GDP 增速目标　切实推进国有部门去杠杆 | 081

第 7 章　国有企业去杠杆的困难与应对 | 091

第 8 章　修复国家资产负债表：去杠杆，流动性紧缩和金融反腐 | 099

第 9 章　战略性审慎推进商业银行债转股 | 108

第三篇　国企去产能与提质增效 | 121

第 10 章　中国经济之辩：新周期到来了吗？ | 123

第 11 章　政策性负担与国有企业改革 | 128

第 12 章　治理中国僵尸企业应取消扶持型产业政策 | 133

第 13 章　中国制造业企业的产能过剩与僵尸企业问题 | 148

第四篇　混合所有制改革与国企内部激励兼容机制的引入 | 159

第 14 章　市场环境与国企改革 | 161

第 15 章　以员工持股为突破口,加快混合所有制改革进程 | 169

第 16 章　国企混合所有制改革:效率优先 | 177

第 17 章　分行业视角看混合所有制改革 | 189

第五篇　国企改革:未来路径的探索 | 199

第 18 章　多重困局中的国有企业改革:寻求第三条道路 | 201

第 19 章　国企重镇东北振兴的增量改革 | 219

第一篇
国企分类改革及其深化

第1章
国有企业分类改革:目标与路径

杨瑞龙

改革开放以来,尽管国有企业改革取得的成绩有目共睹,但理论界与实际管理部门对国有企业的改革目标与路径一直存在争议,尤其是对于国有企业这样一个背负了国家政策性负担和社会性负担多目标的微观主体而言,其企业的性质、功能、目标究竟是什么?如何评价其在整个国民经济中的贡献和作用?如何推进国有企业改革?对此一直缺乏客观有效的共识性的指标。中共中央、国务院2015年颁布的《关于深化国有企业改革的指导意见》(中发[2015]22号)明确了国有企业的分类改革战略,即把国有企业分为公益类与商业类两大类并分别采用不同的改革模式,这无疑有助于厘清国有企业在社会主义市场经济中的地位与作用,进一步推进国有企业的改革。然而,国有企业如何分类?如何推进国有企业的分类改革?各方意见还存在分歧。本文就如何实施分类改革战略提出自己的见解,以期能提高分类改革方案的可操作性。

一、国企分类改革:主观分类标准还是客观分类标准

自从我国开启市场经济改革以来,国有企业改革始终是我国经济体制改革的关键环节。国有企业改革经历了放权让利、承包制租赁制、股份制改造、现代企业制度试点等改革阶段后,逐渐回归到分类改革的思路。笔者 1995 年发表在《经济研究》的论文中就主张应在界定国有企业在社会主义市场经济中的地位和作用的前提下,根据国有企业提供的产品性质及所处行业的差异选择不同的改革思路。对于竞争性行业的国有企业政府应逐步退出,或推行混合所有制或参股经营;而对于非竞争性的国企则有的由政府直接经营,有的进行国有控股条件下的股份制改造。2015 年颁布的《关于深化国有企业改革的指导意见》把国有企业明确划分为商业类和公益类,确定了不同的改革模式,其中商业类国有企业实行公司制股份制改革,国有资本可以绝对控股、相对控股,也可以参股;而公益类国有企业则一般采取国有独资形式,但在有些领域也允许非国有企业参与。

公益类与商业类是两个大的概念,在具体实施分类改革战略时面临的一个现实问题是,如何细分可操作的分类标准?如果对此缺乏一个客观的分类标准,有可能会影响分类改革的可操作性。目前一般遵循“谁出资、谁分类”的原则,但在实施过程中,由于国有企业的出资方一般由政府来代理,出资方有可能为了维护既得利益,将几乎所有在垄断性行业的国有企业划入“公益类”,限制竞争与非国有资本的引入,从而延缓国企改革的步伐。因此,我们建议对那些“公共产品、公益类产品及关系国家安全和国民经济命脉的重要行业和关键领域”进行科学的细分,并作为行

业“细分清单”向社会公布，使国企分类有一个公开客观的分类标准，从而加大商业类国企的改革力度，这有助于打破“玻璃门”“弹簧门”“天花板”等对民营资本人为设置的进入壁垒，从而让非国有产权主体进入原来由国有资本一统天下的垄断领域。引进民营资本，不仅有助于减少行政干预，改善国企的治理结构，提升国企的市场竞争力，而且有助于激发改善投资环境，激发民营企业的投资热情，提升民营企业的固定资产投资率。

据此，我们可以根据国有企业所提供产品的性质及国有企业所处行业的特征，即产品性质及行业特性两个维度形成功能导向的分类方法，以此来对不同的国有企业选择不同的改革模式。

第一，对于提供公共产品类的企业一般采用国有国营模式，即政府拥有所有权与经营权。在这一象限内，又分为提供纯公共产品、准公共产品与公益类产品等三种不同的类型。所谓纯公共品，就是具有非竞争性和非排他性特征的物品，最典型的例子就是国防。纯公共品适宜由政府来直接提供似乎毋庸置疑，但在这个领域并非完全排斥市场元素，部分处于该产业链下游的产品和服务可以通过市场采购的方式来实现，这也是很多国家和地区的做法。准公共物品的范围比较广泛，通常分为两类：一类是具有非排他性和不充分的非竞争性的公共产品。例如，地下水流域与水体资源、海洋资源、牧区、森林等；另一类是具有非竞争性特征，但非排他性不充分的准公共产品，如公共道路、公共桥梁、广播电视等。实行企业核算的自来水、电网、邮政、市政建设、铁路、港口、码头、城市公共交通等，也属于准公共产品的范围。国际经验表明，这类准公共品供给一般都是国有部门或者集体部门供给的。当然，为了提高效率，我们可以在条件逐步成熟的情况下，有限引入市场机制,例如最近几年我国对供电系统、邮政系统的改革等。除了准公共品领域,还有很多领域具有很强的正外部性,其物品的技术特征可能是竞争性和排他性的,但由于正外部性的存在,使得其具有公益特征,比如医疗、教育、社保等等。政府应该主导义务教育、基本医疗服务、基本社会保障、基本养老服务等的供给。

第二,处于自然垄断的企业一般宜采用国有国控模式,即垄断性国有企业应该进行股份制改造,但国有资本应具有控制地位。自然垄断特性由生产技术的性质所决定,与产权结构没有内在联系。大量的实证数据表明,在由垄断导致的市场失灵领域,私有企业和国有企业相比并无制度上的优势。更重要的是,作为发展中的社会主义大国,基础产业不仅要追求利润目标,还要承担一定的社会义务。因此,一方面需要对垄断性国企进行规范的股份制改造,也可以在境内外公开上市,明晰产权关系,规范政府与企业之间的关系,完善公司治理结构,使企业自主经营、自负盈亏;另一方面,又要在改制中保持国有资本的控股地位,以兼顾社会目标和盈利目标,实现基础产业的超前发展,为其他产业的发展提供基础性条件,同时在激烈的全球竞争中,发挥好基础产业在支撑本国经济由比较优势战略向竞争优势战略的转型以及保障国家经济安全方面的重要的作用。在自然垄断行业保持国有经济主导地位,这不等于在该领域排斥市场竞争,恰恰相反,消除行政性垄断,对垄断必要的规制以及引入市场竞争不仅有助于提高垄断企业的经营效率,而且有助于保护消费者的利益。铁路、航空、电信这些垄断部门之所以开始向消费者放下架子,重要的原因就是竞争因素的引入。

第三,处于竞争性领域的国有企业原则上应完全走向市场,但这不等于说国有资本立即全面退出。对于那些不存在行政性垄断但尚有较强市场竞争力的国有企业宜进行产权多元化的股份制改造，并以利润最大化为经营目标参与市场竞争，以法人资产承担责任。但是其股权结构应具有开放性，视效率的变化及国家的战略调整，国有资本也可以逐步退出。对于那些效率低下、规模较小、市场竞争度高、市场需求变化快、产业重要性和关联度小、国家对其承担的风险大于其上缴的收益的竞争性国有企业适宜采用民营化的方式实现国有资本的退出。在民营化的过程中，为了防止因低估国有资产造成贱卖国有资产等国有资产的流失现象，就必须坚持公开出售的原则，避免暗箱操作，保护国有资产不受侵害。

随着中国经济全面进入以提升企业自主创新能力和落实创新驱动发展战略为主的特定发展阶段，科技创新就成为提高社会生产力和综合国力的战略支撑，我们仅从产品及行业的特性来划分国企与民企的边界就不够了，还需要根据创新过程的特性来界定国企的存在范围。毫无疑问，加快实施创新驱动发展战略，需要鼓励与支持民营经济的技术创新活动，保护知识产权，营造公平、开放、透明的市场环境，更好地发挥市场在资源配置中起决定性作用，激发全社会的创业创新活力与动力。但是，在制约中国产业转型升级的基础创新、原始创新以及关键共性技术与创新方面，政府可以通过强化竞争政策和产业政策对创新进行引导，以及利用国有企业的综合创新优势，鼓励国有企业的主动进入和集中攻关，从事那些具有较强外部性的创新活动，来夯实、强化和提升产业的基础性竞争力。为此，我们需要在中国的创新链和创新区域价值链以及创新链和产业链的对接中，构建国有企业和民营企业“共进”的协同合作框架。

二、国资管理模式:管资产还是管资本

国有资产管理体制改革的基本思路是,通过分解政府职能,使资产所有权与行政管理权、宏观调控权分离开来,由国有资产管理监督委员会(以下简称国资委)专职代表国家履行国有资产的所有者职能,以国有资产的保值与增值为目标,建立起能有效监控行使国有资产所有权的行为主体的激励和约束机制,为法人资产制度的建立创造必要的条件。目前,我们需要把分散在各个政府部门的所有权职能集中到新的国资委,形成权利、义务、责任相统一,管资产、管人与管事相结合的国有资产监管体系。改革的实践表明,权威不足的国资局再加上"老板"加"婆婆"的国有控股公司事实上难以实现政企分开、产权明晰的国有企业改革目标。同时,为了提高国有资产的监管效率以及调动地方政府的积极性,实行国有资产的分级管理,即中央与地方分别代表国家行使国有企业的所有者职能,国资委负责监管中央所属企业的国有资产,地方政府的国有资产管理机构负责监管地方所属企业的国有资产。

国资委如何对国有企业行使监管职能,目前一般的表述是从"管资产"为主向"管资本"为主转变,即国资委今后不再具体干预企业具体的经营活动,而是只要聚焦于国有资本的保值与增值。从一般意义上说,这样的转变反映了国有资产管理体制改革的方向。但正如前文所论述的,由于国有企业所处行业的不同,国资委具体的监管重点也是有差异的,其功能不能仅限于"管资本"。

第一,提供公共产品类的国有企业一般采用国有国营模式,国资委或者专职的监管部门对公益类企业既要履行"管企业"与

"管资产"职能，通过对公共类企业的微观化监管，保证必要的公共产品供给，控制质量，满足社会需要，同时兼顾"管资本"，主要是控成本，保护国有资产，尽可能提高公共产品的供给效率。

一部分央企属于公益类企业，但大部分公益类企业分布在地方，例如，义务教育、基本医疗服务、基本养老服务以及一些诸如自来水供应等企业化提供的准公共品等。由于公益类企业主要功能是满足社会需要，宏观效率是其主要效率标准，同时通过提升微观效率兼顾国有资产的保值与增值，但不是其主要目标。因此，建议在中央与地方的国资委内专设一个公益类国有资产管理部，对公益类国有企业进行监管，或者这些公益国有企业划归财政部监管；在财政部内专门设置一个公益类国有资产管理部，或者专门针对这些特殊法人，成立一个独立的公益类企业监管机构，专职履行监管职能。

国资委或者专职的公益类国有资产监管部门主要通过以下环节履行"管企业""管资产"的相关职能：一是由政府筹资创设提供公益类产品的企业。资金来源除了财政拨款、政策性银行的低息贷款外，也可以通过 PPP 等方式吸收社会资本。宏观效率或者社会福利最大化是衡量企业效率的主要标准；二是政府直接任命或罢免这类国有企业的负责人。国资委的考核目标就是企业提供纯公共品的质量和数量，对企业的激励主要以成本费用为依据，而不是主要以企业的盈利水平为依据；三是为了确保规模经济效益和范围经济效益，对进入和退出进行控制，同时进行必要的产业规制，既保障公益类产品的必要供应量，也能保护消费者的利益，防范垄断对消费者利益的伤害；四是控制价格与确定财政补贴数额。由于提供公益类产品的企业处于垄断地位，企业不应拥有定价权，以防止过高的垄断价格损害消费者的利益。如果企业因服从社会目标而引起政策性亏损,亏损额则应由财政给予补贴。

第二,处于自然垄断行业的国有企业一般采用国有国控模式,国资委通常对垄断性国有企业兼顾"管资产"与"管资本"职能,以"管资本"为主,即国资委通过"管资产"来实现超越利润目标的社会目标,发挥国有经济在国民经济中的主导作用,同时,通过"管资本"实现国有资本的保值与增值。

自然垄断型国有企业通常在国有股占主体条件下进行规范化股份制改造,有条件的可以在海内外公开上市,从而成为政企分开、产权明晰、权责明确、管理科学的现代企业制度。国资委通过以下环节对具有独立法人资格的国有控股公司行使所有权约束:一是国资委与企业之间是出资人与经营者之间的产权关系,即按照《公司法》,企业接受国资委的委托经营国有资产;二是国有企业经改制后成为独立的法人,国资委凭借股东的身份向公司派出董事或监事,并通过公司董事会和监事会贯彻出资人的利益;三是公司的法人代表机构排他性地拥有企业资产的占有、使用、处分和收益权。国资委可以通过在股东大会上用"手"投票和在资本市场上用"脚"投票来激励和约束公司经营者的行为,实现国有资产的保值和增值目标。

由于国资委离政府比较近,容易把一些政府目标输入到企业,导致政企不分现象,同时处于自然垄断行业的国有企业规模大,国资委直接监管有些应接不暇,因此,可以在国资委与股份公司之间构建一个中间层的代理机构,这一中间性国有资产代理机构既可以按照市场化原则建立一批竞争性的控股公司或者国有资产经营公司,也可以把一批央企集团公司总部改造成"淡马锡"式控股公司。国资委作为委托人拥有国有股的收益权,控股公司作为代理人拥有国有股的控股权,从而在保持国家拥有国有企业剩余索取权的前提下,实现国有资产的管理职能与国有资产的经营职能相分离,使国有股权事实上分散化,为企业产权独立化创造必要的条件。

考虑到自然垄断性国有企业不仅要追求利润目标,实现国有资产的保值与增值,而且还需要满足某些社会目标,特别是处于基础产业的国有企业在顺利实施国家的产业发展政策方面具有不可替代的作用,因此国资委既要对这些企业履行"管资本"职能,实现国有资本的保值与增值,也要从发挥国有经济在国民经济中的主导地位及落实国家的产业发展政策等角度履行"管资产"的职能,配合国家有关部门,保持国有股的控股地位,在国家的宏观调控、产业引导等方面发挥积极的作用。同时,配合国家的有关产业规制部门,通过有效的机制设计和对垄断价格的管制来限制垄断企业的市场势力,通过引入多元化投资主体推动混合所有制的改革,改善企业的治理效率。企业在接受社会目标制约的同时,对自己的经营活动按最有效益的方式来安排。

为了能更有效履行"管资本"的职能并能兼顾"管资产"的目标,就需要满足三个条件:一是国有企业要透明化,预算公开,成本费用数据公开,尽可能降低企业的私人信息。二是国有企业公司化改造后,引入必要的市场竞争,消除地域保护,尽可能减少垄断产生的负面效应;三是保持国有企业的潜在竞争性,通过混合所有制模式,引入非国有资本,进行增量改革。

第三,处于竞争性领域的国有企业由于其处于纯私人物品领域,国资委只履行"管资本"的职能,即只追求利润最大化。

处于竞争性领域的国有企业,应完全由市场机制协调,彻底排除行政性垄断,政府创造平等竞争的市场环境,国有企业以利润最大化为目标与民营企业平等竞争，优胜劣汰。对于那些尚有竞争力的国有企业进行股份制改造，政府没有必要保持控股地位，即使一开始国有股拥有控股地位，也可以在资产重组中退出控股地位，转由民营资本控股，国有股参股。国有股也可以从一些经营状况不太好的企业中退出，或者拍卖那些经营不善的国有企业。可把转让国有股的资金组建产业基金，充实公益类或处于基础产业的国有企业，以便进一步做大做强做优国有企业，也可以把国有股的转让金充实社会保障基金。国资委通过委托代理方式把国有资产的运营权授权给市场化运作的基金会，履行"管资本"的职能。具体方式是通过产权多元化的股份制改造逐步实现国有企业的资产证券化，国资委针对竞争性行业的国有企业组建国有资本管理基金会，该基金会受国资委委托运营国有资本，是受托责任。基金会对这些国有企业的管理按照养老金、社保基金和国外大学捐赠基金等领域的基金管理模式，采取资产组合管理技术和方法，以盈利最大化和风险最小化为目标进行资产证券化和股权投资，追求利润最大化，确保国有资产的保值和增值。国有资本自由进入或退出竞争性行业，并且可以自由从事一、二级市场的股权和证券投资。

三、国企高管：限薪还是激励

现代企业理论告诉我们，在所有权与控制权分离的条件下，由于所有者与经营者的目标函数不一样以及信息分布的不对称性，经营者很容易利用所有者的授权来谋取私利，为了降低代理成本，就需要对经营者进行有效的激励与约束。然而，国企高管具有双重身份，他既是企业的经营者，又是具有行政级别的官员。

因此，要不要对国企高管限薪就成为大家热议的问题。政府部门也左右为难，不限薪，民众不满意；限薪，调动高管的积极性恐成问题。其实从公布的财务报表中看，国企高管的薪酬还是明显低于市场上同类型的经理人薪酬，但为何媒体和民众对国企高管薪酬水平还心存不满呢？看来问题主要是国企高管薪酬的形成机制方面出了问题。一是内部人控制下国企高管自己给自己加薪，即企业高管通过垄断公司信息或者贿赂"廉价投票权"来控制公司董事会，从而背离企业的业绩，自己给自己涨薪；二是对国企高管有激励但无约束，业绩好，薪酬就涨，业绩跌，薪酬也没见降，这种"旱涝保收"的薪酬制度容易引起公众与内部员工的不满；三是"明薪"低，"暗薪"高。尽管公司公布的财务报表显示高管的薪酬不高，但高管所享受到的在职消费等公众并不知情；四是低薪、低能与低效。有些国企表面的低薪下却养了一批平庸低能的经营者。

解决以上困境的出路需要从三方面考虑：首先，对企业高管既要有激励，也要有约束。人力资本只能激励，不能压榨。经理人是一种更稀缺的人力资本，尤其需要激励，年薪制、奖金、股票期权计划、退休金计划等都是可选择的激励形式。高管薪酬应该透明化，限制其凭借控制权获取非货币收入的途径。当然，仅有激励是不够的，还必须有相应的约束机制，一旦高管损害公司的利益，对高管的惩罚是可置信的。其次，企业高管身份的规范化。当前国企高管既是经理人又是官员的双重身份造成了民众不满、高管委屈的不对称评价，即国企高管要比照外企和私企拿高薪，却同时享受着官员的权利，员工与公众对此不满；如果让国企高管比照公务员确定薪酬标准，却要其同时承担经理人的责任，则会让高管感到委屈。因此，明确国企高管的经营者身份对于选择一个恰当的标准来衡量高管薪酬水平的高低是相当重要的。三是分类原则。根据国有企业所处行业以及改革模式的差异,同时考虑到国企高管身份的不同,分类分层选择差异化的国企高管的激励模式。这就是《中央管理企业负责人薪酬制度改革方案》所倡导的"明确坚持分类分级管理""建立与企业功能性质相适应的差异化薪酬分配办法"的改革原则。

第一,处于公益类领域的企业通常实行国有国营模式,企业管理者和员工薪酬应当参考公务员薪酬标准,采用年薪制,并适当引入成本控制奖励。

公益类国有企业里的管理者与员工类似于国家公务人员,管理者有相应的行政级别,其薪酬标准参考同级别的公务员的薪酬水平。这类国企可参考日本的经验。日本的国有企业在组织形式上被称为独立法人,分布在金融、科研、教育、邮政、空运、铁道运输、烟草、盐业等行业。日本国有企业管理人员的薪酬是比照国家公务员薪酬制度来设定的,但允许适当调整,一般高于公务员。为了保持规模经济与范围经济效益,政府设置了严格的进入壁垒,处于高度垄断地位且在很多情况下具有信息不对称的领域,由于消费者处于明显的劣势,如果高度采用绩效激励,将有可能诱发企业管理者采用涨价或者降低质量来提高绩效,以获取更多的收入。当然,比照公务员采用年薪制并不等于不需要在公益类国有企业中构建激励机制,只是与一般的市场型激励不同而已。例如,职务提升的行政级别晋升激励、精神层面的激励及与成本有效控制和消费者满意度相关的物质激励。

第二,处于自然垄断行业的国有企业通常要在引入战略投资者基础上改造成国家控股的上市公司,它既要贯彻国家的产业政策,追求社会目标,又要提高效率,追求利润目标。因此,需要对企业内的不同身份的经营者采用不同的激励机制。

自然垄断领域里企业大部分属于央企,不仅规模大,而且行政级别高,好多都是副部级国企,改制后的央企内经营者一般有三种类型:一种是中管干部,一般为中组部任命的副部级公司核心高管,另一种是国资委选拔任命或者由地方政府任命的也具有行政级别的公司高管,还有一种是市场招聘型的职业经理人。一般来说,中管干部型公司高管以职务晋升激励为主,货币化激励为辅,其薪酬结构可以参考同级别公务员薪酬水平与公益类国企高管的薪酬标准,同时还适当有与公司绩效相联系的激励性报酬,其年薪标准需经上级主管部门审核批准。国资委任命的公司高管一般应以市场型激励与职务晋升激励并重,以市场型激励为主。国有国控企业不仅需要保持国有资本增值,同时负责国有资本的具体管理和经营,因此需要对管理人员提供足够的激励,其薪酬一般由基本年薪、绩效年薪、任期激励收入三部分组成,同时规定其薪酬总额一般不超过员工平均薪酬的 8—10 倍。对于市场招聘型的职业经理人则选择具有市场竞争力的激励方案。人的劳动与创造能力隐藏在人体之中,如果不能引入有效激励机制,人力资本所有者就可能在固定收入下最小化自己的劳动供给。经理人是一种更稀缺的人力资本,尤其需要激励。当前可选择的是及早引入以年薪制、奖金、股票期权计划、退休金计划为主要内容的最优报酬计划,将经理人对个人效用最大化的追求转化为对企业利润最大化的追求。员工工资一般分为基本工资与绩效工资两种类型,把员工的报酬水平与企业的绩效相联系,以激励员工的劳动积极性。在国有企业内部,根据不同岗位和职责设计激励机制,鼓励一定的差别化薪酬,推动非货币激励的作用。应该避免薪酬结构的单一化和扁平化,建立与管理者职责相适应的薪酬激励。如果条件成熟,也可在自然垄断性企业里适度实行股权激励和员工持股,让企业在市场竞争中保持人才优势。

第三,在纯私人物品领域的国有控股或者国有参股的企业,建立对经营者市场化薪酬机制,通过建立多元化薪酬安排,满足多样化的激励需求。

在竞争性领域的国有企业高管与行政级别完全脱钩,国资委一般不再直接任命企业负责人,人事部门也不再为此类国企高管确定薪酬水平,而是通过经理市场招聘经营者,由董事会激励与约束经理人,在完成相应的经营目标的情况下,向经营者提供具有市场竞争力的薪酬,其薪酬结构采取短期激励和长期激励相结合,特别是应引入股权激励,激励经营者追求公司的长期利益。

第 2 章
深化国企改革：“分类”加“分层”

张晖明

一、《指导意见》的主要内容与相关概念的澄清

中共中央、国务院 2015 年颁布的《关于深化国有企业改革的指导意见》（中发[2015]22 号，以下简称为《指导意见》）的最亮点就是明确对现存的国有企业要进行“分类”，在分类的基础上选择不同的改革举措。对于“分类”的理解认识，实际上包含了对于国有资本的现有配置需要结合资本所处的产业领域来加以考察，改革举措需要符合国有资本配置的产业领域的功能特性，兼顾了“国有资本”与“产业领域”两个方面的经济含义，这当然是一种认识的深化。有了分类就有了对于不同的行业的国有企业改革举措的区别，而不是“大呼隆”“一刀切”，这显然是有助于改革举措更具精确性和针对性，从而提高改革措施解决问题的效应。因此，必须充分肯定“分类”对于推进改革深化的积极意义。跨出这一步，将现实经济生活中的国有企业分出了“商业类”与“公益类”，在商业类中根据国有资本所处领域的产业功能特点和市场

可竞争性特点又进一步细分为商业 A 类、B 类,这样有助于在深改动作推进混合所有制改革时,选择确定引入非公有制资本的规模数量和占股比例。我们都清楚股权结构对于公司治理机制和治理内容的经济意义。

毫无疑问,《指导意见》对推进企业制度创新是下了功夫的,《指导意见》着力于制度创新的推进可以概括为五个方面。首先,积极发展混合所有制,完善现代企业制度。说到混合所有制改革,我们可以联系 2013 年 11 月中国共产党十八届三中全会通过的《关于全面深化改革若干重大问题的决定》(以下简称《决定》)第六条用了"积极发展混合所有制经济"的标题,这是一个很重要的理论深化突破。大家都知道,在 1993 年党的十四届三中全会通过的《关于建立社会主义市场经济体制若干问题的决定》,明确了以"建立现代企业制度"作为企业改革的目标模式,所谓现代企业制度即现代公司制度,也就是多元出资的企业制度。多元出资就是一种"混合所有制",可以是不同的法人出资形成的"混合",假如在这一场合,不同的法人都属于公有制性质的话,这种"混合"还只是形式上的。追诉到产权关系性质特点上,还有不同性质所有制主体(即公有与私有之间、私有与私有之间)的共同出资的"混合"。很显然,后者更具有实质性的"混合"意义。但是,为什么在 1993 年只能提"现代企业制度"而不能直接提"混合所有制",正是因为理论认识的深化突破不是一件十分简单和容易做到的事情,不是像我们换着穿一件衣服那么简单。到了 2013 年,我们就能够正面提积极发展混合所有制,从这个意义上说是深化进步了。可见,有人说对于国有企业改革所讨论的问题 20 年没变,这个说法太简单绝对,肯定是不准确的。当然,我们也必须承认,改革的每一个深化进步都受到既有的理论认识的束缚,深层次的理论观念严重影响了我们改革前行的步伐。因此,就有了即使是新的理论认识和表述,长期沉淀下来的观念和做法要出现重要的改变还需要坚韧的毅力去推进,我们会发现今天有些场合有些人对于企业改革的理解和操作,没有观念的更新,行为方式也还是原来模式,给我们一种“似曾相识”的感觉。

其次,从“管资产”转到“管资本”的国有资本管理体制创新,管理对象和内容的变化必然要求管理的目标和工作方式的变化,“管资本”就是要以“价值型管理”作为工作重点,围绕保值增值、保持资本的活力开展工作,以有助于解决好国有资本和市场经济相融合的问题,这是国有资产管理体制的创新工作内容。

第三,组建国有资本经营公司或者是投资公司,创新国有资本经营制度。借助于授权经营方式,将国有资本经营权推向市场,解决好“政资分离”问题,进而促进“政企分离”,实现经营性国有资本的市场化运作。通过授权方式,由国有资产经营公司具体行使资本经营权利。具体说,经典理论所得出的公有制本质上是“全民所有”,这种属性在现实生活中表现为“国家所有”,而国家所有权只能是通过国家治理形式的政府职能去实现,“国家所有”就直接表现为“政府所有”。然而,政府职能又是通过政府的相关部门去行使的,全民所有的资本权利与政府的日常行政管理职能关系重叠起来,所有权权能最终表现为“政府部门”职能权利,以至于有“部门所有制”的说法。很显然,这一说法不是空穴来风,不是由谁杜撰出来的。更加需要追问的是,政府管理经济活动的具体职能,又进一步表现在政府部门内部的各项具体的审批、核准、许可、发放牌照或者是备案放行等工作内容上,而这些具体的工作内容是由政府部门内部的岗位职责去办理的,这就出现了“政府部门职能岗位化”“岗位职能当事人化”的转换,这就是当下为什么有些政府部门“门难进”“事难办”的内生机理和原因,也是那些掌握具体审批权力的岗位当事人可能有“弄权”“设租”的体制机制原因。这同时也告诉我们一个很简单的道理,没有相应的公开透明的办事原则,没有基于公开透明的原则相伴随的监督制衡,腐败就会滋生。这种所有权实现过程的权能转化机制,有人形象地概括为“政府职能部门化,部门职能岗位化,岗位职能(当事)个人化”。可见,政府所有的具体权能最终表现在“执事”的具体岗位上,这是现行的国有资产管理还没有完全打开的“黑匣子”。通过组建国有资产经营公司或者是投资公司,对经营性国有资产实行授权经营,某种意义上就是把经营权交给市场,可以使政府从现行的繁重的国有资本经营的具体事务中解脱出来,接受授权的资本经营公司则可以接受市场的约束和检验,融入市场环境,促成国有资本与市场机制的相融性。

第四,在此基础上,又可以带动对于国有企业领导人分类分层次的管理问题的解决,促成对经营人才的市场化评价。因此,以企业经营者队伍的分层分类管理评价方式创新,对于企业经营者(企业家)的市场化评价制度的发育,有助于企业家队伍的成长发育。这也是《指导意见》治理与推进的制度创新的重要内容。

第五,促成经营者和员工激励制度创新。联系发展混合所有制经济,开放产权关系的不同所有制资本关系的联合合作,使国有资本的产权权利接受市场定价,形成外在的市场化、公开化的定价机制。正是这样,借助产权定价的客观公允环境,也有助于引入企业经营者和员工参与持股,形成公有制主导下的劳动者直接持股的新型的资本与劳动关系,创新经营者激励和员工激励制度。所有制关系上的这种突破,也是对既有的公有制生产关系的发展,是所有制理论的创新。以混合所有制改革为契机,推行经营者和员工持股，是国有企业改革深化进程必须重视的重要改革内容。

我们再来看围绕国有企业改革，《决定》所明确的改革原则，可谓 2.0 版本的改革，由于在理论解读和改革内容设计上的偏差带来的对于改革选择的举措产生的影响。我们把《决定》发表到《指导意见》出台这中间差不多 22 个月改革动作进行分析，可以看出不同的理论解读和深层次的理论创新对于改革深化的重要意义。

中国共产党十八届三中全会于 2013 年 11 月 12 日闭幕，《决定》是 2013 年 11 月 15 日公布，《决定》明确了全面深化改革目标和“经济、政治、文化、社会和生态文明五位一体”的改革任务，对体制建构“四梁八柱”做了全面完整的设计，致力于“国家治理体系和治理能力”的现代化建设，理论上有系统的创新。《决定》发表后，围绕各项改革任务的落实，形成了一种“改革再出发”的活跃场景。我们可以从两个方面来加以考察。一个就是经济理论界对于《决定》所提出的改革任务内容的论证和阐发，基于研究阐发者自身的知识结构和研究风格，“百家争鸣”显然是有助于把问题研究得更加透彻，对同一个命题有不同观点解释本来是一个常态的事情，但是，实际的改革举措如何拿捏、选择什么样的理论主张为参考具体转化为改革举措方案，需要有一个抉择。

另一个方面就是，针对《决定》所明确的改革任务要求，具体指导和负责相关管理工作的政府部门都从自身赋权范围积极思考，制定推进工作的试点方案，人力资源和社会保障部推出对央企负责人限薪的改革方案，主要依据就是因为央企处在产业上游，受到准入规制的保护，具有一定的行政垄断色彩，还有行政的级别待遇，因此，央企的领导人不能拿高薪，最高上限定在了年薪 60 万。这一举措对当时的央企产生一定的震动。人们担心央企体系的经营会受到影响,也有的担心央企体系会出现管理人才的流失。限薪的额度控制也还派生出新的关联影响,这就是因为董事长、总经理工资水平受限,集团内部的其他层级的薪酬如何确定。究竟多少为高,实际上需要有全面客观的比较分析论证。可见,简单地就改革的某个方面论是非、评说薪酬高低,不能全面解决国有企业改革如何深化的问题。差不多同一时间段,国家发改委从对全社会投资管理的职能出发,针对混合所有制改革任务,对如何选择国有企业开放社会资本入股投资提出试点方案,召开专题会议,最初遴选了 80 家试点[①],实际执行中有 25 个公司完成了混合所有制改造。财政部研究出台相应的稳健对国有资本经营收益缴交制度逐年到位做出安排。国有资产监督管理委员会在 2014 年 7 月出台了六家企业四类试点的工作方案[②]。可见,围绕国有企业改革问题,具体的对国有资产管理的政府职能分别落在不同的政府部门。国有企业改革仍然有着“五龙治水”的影子,政出多头的改革推进不能形成全面协同深化的综合效应。正是在这样背景下,《深化国有企业改革的指导意见》形成一个统一的整体方案,以中共中央和国务院联合发文,对推进国有企业改革具有特别的意义。

《指导意见》是 2015 年 8 月 24 日正式签发的文件,2015 年 9 月 23 日正式公开发布,《决定》和《指导意见》两个文件公开发布的时间间隔有 22 个月。可见从《决定》所明确的改革任务、原则到具体行动方案和工作内容的共识,花费了不少的时间。再后来

---

① 发改委于 2014 年 5 月 18 日发文,推出首批鼓励社会资本参与的 80 个项目名单,http://news.bjx.com.cn/html/20140521/512505.shtml。

② 国资委:六家央企入选首批国资改革试点,http://business.sohu.com/20140715/n402275925.shtml。

就是国务院或者是国家国资委提出配套《指导意见》陆续出台1+N个配套文件,到目前为止差不多已经出台 20 多个配套文件,对于国有企业改革的有序平稳推进发挥了积极的作用。

围绕国有企业改革的深化究竟有哪些深层次问题需要解剖?其实在 1993 年党的十四届三中全会提出“现代企业制度”概念以后,公司制度作为企业改革新的组织形式、法律制度形式被广泛采用。实际上,在多元出资场合,原来的国有(独资)企业已经改造成多元出资,这时的国家出资是多个出资主体中的“一元”,因此,原来的“国有企业”应该在法律概念上转变为“国家出资的企业”。但是,在我们的日常生活中,“国有企业”的概念没有改变,国有独资的企业、国有控股或者是参股的企业,都被笼统地、简单地称为“国有企业”,导致在多个场合,对于国有企业改革任务内容讨论的话语所指莫衷一是,是理论的热闹流于形式的空谈。更何况人们的知识存量中已经有着对传统体制中的“国有企业”的“观念躯壳”。严格地说,改革推进的举措已经将相当一部分国有企业改制转变为“国家出资的企业”,只有国有独资企业才可以直接被称为国有企业。笼统地简单沿用“国有企业”概念,对应着人们知识存量和行为惯性,将已经改制为多元出资的(国有资本出资可能占据控股、参股但还是第一大股东)的企业直接称为国有企业,意味着无视其他出资资本的存在。这种对于“国有企业”概念的任意称谓,无论是政府官员还是理论工作者、新闻媒体还是官方文件,都习以为常,没有加以认真区分。实际经济生活中,在国资委眼里,全资的我要管,控股的我要管,参股的我还要管。这种状况表明理论工作的规范性没有到位,自然也会直接产生对于企业改革研究和工作内容着力点的偏误。与此相关联,今天我们在研究和实际工作场合,考虑到产业准入和市场的开放性,“国有部门”概念还可以使用，因为这个部门还没真正开放，比如能源、电信，但是“国有企业”这个概念要慎用，只有国有全资才能用。否则就会出现讨论的对象不准确、不清楚，自然讨论的实际内容也不明确精准，讨论的见解也就不具参考借鉴指导价值。

由于对“国有企业”概念的简单化定义，在概念不准的前提下，许多的量化实证分析难以将问题解剖清楚，研究的实际价值也就会大打折扣。包含国有出资在内的多元出资企业，出资人行为属于市场行为，按照市场规范，在出资人场合，不同主体持有的股权数量有大小，彼此平等合作，同股同权同利。这是非常有意义的概念、含义的澄清工作。

需要指出的是，在实际经济生活中，也存在“国资”概念的滥用（使用不规范）。在不少场合，人们经常使用简化了的“国资”概念，但是，究竟是说“国有资产”，还是“国有资本”呢？显然两者不是等价的概念。今天明确了国资委从管资产转向管资本为主，是改革深化的重要推进举措。大家很清楚，会计学意义上资产和资本的差异。资本是所有者权益，那才是有实际权益的国有资本。另外，“混改”的概念也存在使用场合不规范，存在着为改而改的现象。比如从去年中央经济工作会议，到今年度的中央经济工作会议，均提出对六个部门要加快推行混合所有制改革的工作任务，以至于积极选试点、抓推进。其实这里需要深入研究就是“混”改的根本意义，发展混合所有制关键在什么产权环节上？某个产业部门没有放开准入（注意，产业准入是有条件的，可能涉及国家经济安全问题），也就是说这个产业的定价体系没有真正放开，在不定价完全实现市场化的背景下，就把行业中的某一部分经营内容拿去搞混改，势必出现与行业价格保护相伴的“利益输送”或者是准入壁垒下的变相垄断经营。比如，在金融改革上，有了一定程度的开放，保险行业允许外资占比50%、银行允许外资占比25%以下。在改制上市后，已经有外资进入，但是，设置了外资占股比重上限。但是，在电信行业，我们已经将部分增值业务经营活动开放上市，但整体的准入还是控制的，客观上确实存在信息安全问题。换句话说，在终极产权层次上的"混"，才是真正的"混"，但这需要以一定的对产业安全管理的条件为前提，派生产权环节上的"混"需要谨慎选择推进。尤其是哪些出资方取得参与混改的商业机会，需要有公平公开公正的市场规则以及股权合力定价机制和工作程序。处理不当就会出现利益输送或者是国有资本价值流失。其实，国有商业银行和几大央企在香港上市的实践，已经提供了相当多的经验。再比如，宝钢集团是授权经营的国资经营公司，最近宝钢的欧冶云商公司搞了混改，这叫混改吗？这是在产权结构下某个业务部分的混合所有制股权结构的调整变动，并不完全是本来意义的混改。因为欧冶云商原来的持股主体"宝钢股份"（SH600019）和"宝钢国际"（宝钢集团全资），前者就已经是公开上市挂牌的股份公司，自然就属于多元出资公司，其子公司的出资产权主体为上市公司，本质上的终极产权也还是多元出资。说到底，"宝冶云商"的混改，改的只是股权结构的进一步分散化，更有意义的是借助这一动作引入了职工参与持股，向企业的员工开放了5%的持股股权。

国有企业改革的推进工作，《决定》已经明确，《指导意见》也有具体叙述，组建国有资本经营公司的改革，实际推进工作进展相对迟缓，为什么？涉及这样的公司作为专司国有资本经营的市场主体，全面承接目前还留在国资委手里的国有资本经营管理权。目前这类公司似乎还是只有诚通公司一家有可圈可点的工作实绩，而诚通是在当年国家物资集团总公司基础上转制而成，在面临要被拆除的情况下,他们主动改革,以国有资本经营职能给自己定位,在市场上摸爬滚打逐步积累经验,走向成熟。正是这样,我们可以对诚通的发展做全面认真的总结,以为加快推进组建国有资本经营公司提供经验和参照。

二、分类基础上分层的必要性

我们接着讨论,为什么有了“分类”,还要“分层”。如前所述,首先要肯定分类是有积极意义的,它表现为理解国资国企改革是不同含义层次上的工作内容,我们都喜欢将国资国企、国资国企改革一并表述,其实这个概念的两个关键词涵盖的不是同一个问题。国有资产管理的改革问题,需要转向以资本的价值增值能力为工作目标;国有企业的改革是组织对象问题,所以是一个资本在什么领域,以多大规模配置,以什么方式配置的问题。

“分类”深化意义就在于,将国有资本配置组织载体与产业领域的选择结合起来考虑,带来的对改革内容的深化。所谓商业类、公益类,是以是否以营利作为第一经营目标对产业功能定位加以区分的概念,更多是产业领域、产业部门的对象问题。然后进一步分了商业A、B类,A类是可充分竞争的,在推进混改时甚至可以不控股、不做第一大股东。《指导意见》讲得非常明确。从这个意义上说,确实给“混”打开了很大的空间,它带动产业领域改革推进和市场结构变革发育紧密结合,促成产业领域开放的市场深化改革。比如,电信怎么改,它促成了电信改革朝着保护产业安全和符合技术规律的方向走,联通、移动、电信三大电信公司的网络建设这块整合组建了一个新的公司叫铁塔公司,有效地解决了网络建设重复配置的浪费现象,基于行业技术特点,在价值链、技术链关系上重新做了分解。电信的增值服务业务已经将终端的通讯增值服务向市场开放，允许30家民营电信虚拟运营商，与三家电信公司网络选择合作，从事竞争性放号，这符合技术领域特点的开放规律和保障信息安全的根本要求。电力则试图把发电、电网建设和输配电分开，当然这种划分努力才刚起步，相互之间的分工连接和结算价格的合理性还在摸索。

所有这些改革推进，也必然会带动监管方式、考核目标体系的改革。因为有了分类归属，相应的考核内容和指标标准内容也就有了确定的依据。但是，具体操作场合，落实"分类"归属不仅仅是企业对象，还有企业业务结构和承担具体业务的历史因素的清理问题，会影响"分类"改革的实际效应。比如说上海将市属企业分成了三类，竞争类、功能类和公共服务类。上海汽车集团明确在竞争性领域，相对强化促进了汽车集团走整体上市的路，带动了整个组织体系、业务体系考核变革。但出现一个很有意思的问题，上汽作为上海最有实力的国有企业，以往不同时期也承接了在当时情况下政府交办的某些特别的任务，有些出资投资并不一定追求回报，甚至只是为了解决当时市属的其他某个企业的财务困难，这对上汽这样的资本和营收营利能力比较强的集团公司而言，恰恰体现出国有企业在宏观经济运行中能够发挥的特殊功能。上汽在明确归类于竞争性行列，接受考核的第一指标就是营利，在这样的考核约束下，其资产总量中的这部分数量，是否进入资本经营责任范围，就成为一个需要区别认定的具体问题。究竟如何清理认定历史因素或者是政府交办的出资额度，将这部分资产从招考和指标内容里剔除，对此上海市国资委很有创意地给出了一个说法，补充提出"进大院，看小门"的具体解决方案，就是在明确划定分类的情况下，对部分业务加以单列，不纳入总体的考核内容。这个案例给我们一个启发，就是传统体制下的国有企业总是承担着主业、副业，或者是某个经济周期环境下，政府为当时面对的个别企业解困或者是某项的社会事务完成，交由具体企业承担的事务所占用的资产（资金）。因此，在企业分类的时候，有时很难解决它复杂的业务结构，也就不可避免地给企业留下向政府主管机关"讨价还价"的理由和谈判空间，最终也就很难使用客观的严格的指标考核手段对企业进行评价。正是由于这种原因，有可能会影响"分类"改革的实际深化。

进一步说，"分类"本身还存在着不确定性，因为分类要找到"类"的边界，"类"的边界取决于市场发育水平，况且，从动态来考察市场发育，"类"的边界也是移动变化的。因为市场化改革的不断深化，会造成"类"的边界移动，所以"类"的区分不可能一蹴而就，这也是与"分类"相伴随的改革的难点。

基于以上分析，我们对"分类"的实际操作落实有了更加客观全面的理解认识。再说，为什么有了"分类"，还要讨论"分层"？这里主要强调的是以投资链条延展派生的产权关系层级和产业领域层次。

推进混改，从现实经济生活出发，由于存在投资行为所表现的派生产权关系，需要不同产权环节上的"混"，这具有整合社会资本、优化投资结构的积极意义。然而，产权链条最终要追溯到终极产权主体是谁，因此，明确终极产权主体，在投资行为的初始产权环节上的"混"，对于国有资本管理体系的改革和解决好国有资本的优化配置具有关键意义。实际上，这里所说的终极产权环节配置形式的"混"，就是产业领域的准入开放问题，也就是国有资本管理改革与深化市场化改革的结合点。强调"分层"的工作重点，就是要在基本经济制度坚持公有制主体地位的同时，解决好公有制与市场经济的相容性。终极所有权是谁呢？从中国经济生活中的财产权实际拥有主体，自然就是与各级财政能力为载体的多层次所有权的存在，由此就提出了对于公有制属性的所有权，也需要确权，就是要明确与中国政治经济生活中的五级政府主体相一致的中央政府所有权、省市政府所有权、地市政府所有权、县政府所有权直至乡镇政府所有权。从而对公有制理论有新的深化创新。

在解决了终极所有权层次主体的基础上，才能解决好"混"。因为"混"是出资组织层次派生形成的法人所有权，混合所有制企业是多个出资主体合作生成的"用资"主体，是所有权的投放运营实现的组织对象。出资者（所有者）在股东大会上说话，在大会推举的董事会上说话，派出董事（产权代表）参与公司治理。与此相关联，加快组建国有资本经营公司的改革任务内容就顺其自然地摆在改革配套工作的内容清单之中。组建接受授权经营国有资本的市场主体，具体承担行使出资人权利的当事人，结合弄清楚"出资"和"用资"关系，也就不难理解坚持公有制和推行混合经济是可以并行不悖的。但今天有些人不理解这种出资和用资关系，认为发展混合所有制经济就是慢慢要否定公有制？显然这种见解不懂得所有权实现理论、不懂得现代产权因投资而派生的理论，是错误的、不科学的。在改革推进到国有资本的经营主要由国有资本经营公司承担时，围绕以产业安全和国有资本保值增值为目标的国有资本经营公司，一方面根据市场环境条件和国家经济发展的阶段任务和目标，发挥控制力、影响力和抗风险能力的作用，同时又可以根据市场环境特点和经济运行动态特点，做出决策判断，以"进入""退出"方式灵活开展经营活动。但今天确实存在"为混而混"的现象，拿已经完成的几个试点情况看，实际上多多少少存在着形式主义的“为混而混”。中石化的销售公司,29.99%的股权开放给了25家境内外投资者,这些机构基本上都是该企业的利益相关者。在这里,需要特别强调说明的是,中国经济运行中的石油价格没真正放开,由此又如何确定石油销售价格,生产加工与销售公司之间怎么结算?这样的改革不免会让人担忧,是否有“利益输送”等国资流失的问题产生。从这个意义上说,我认为,混改的推进急不得、快不得,如果急于推行,缺乏市场环境的公平性条件,这对全体公民、与全民所有的规定性不相吻合。所以说针对当前的混改而言,要防止“伪混”和“为混而混”。真正的“混”是不同性质所有制之间的合作,深层次的改革意义涉及“产业领域的开放性”。这是一个需要创造出更加充分严苛的外部条件的长期努力才能实现的改革任务。

概括以上分析,可以看到,从《决定》到《指导意见》,再到具体执行,文件已经达成的理论境界和工作内容安排,实践中存在着诸多不尽如人意的地方。提出这样的看法,不是没有看到已经取得的成果,而是为了强调改革推进既不能懈怠拖沓,又不能急于冒进。深化改革的信心决心绝不动摇。

三、分类与分层讨论对深化改革研究的启示

讨论“分类”“分层”对我们今天有什么启发?首先,结合前面的分析,我们认识到,国有企业改革不是一个简单的经济问题,具体改革内容涉及四个特点。第一,政治上的敏感性,你推进混改,他说你搞私有化。第二,你强调改革需要在终极产权配置方式上下功夫,实际上是一个产业开放问题,而产业的开放需要谨慎为之,确实有一个产业的经济安全性需要严肃对待。这就需要“摸

着石头过河”。对此要有充分的认识,平和的心态。那种为改而改的形式主义,是自己骗自己。第三,就是基于公有制的基本属性,对于改革的举措和改革效果的评价,改革成果的民众共享,与全体民众相关,由此必然有“民生的关切性”。第四,围绕国有企业改革,涉及面实在太广,如何充分揭示和处理好改革举措的协调、效应的递进和风险的消解,确实十分复杂,因此改革举措的抉择存在复杂性。

其次,围绕《决定》所明确的国有企业改革原则,如何解释、如何转化为具体的改革任务,我们面对着既有的相关理论存量,与这种理论存量相联系的行为惯性,这些都是改革必须解决的“路径依赖”的牵扯力量。继续深化国有企业改革需要在理论上有新的突破,我们可以从前面的讨论得到一定的启发。比如,围绕着国有资本运营管理在理论上的突破,表现在从传统的公有制实现形式,即全民所有—国家所有—政府所有—政府部门所有—官员的岗位执事行为,创新转化为全民所有—国家所有—政府所有—接受授权的资本经营公司行使所有者赋予的实际经营权,在市场环境下,接受市场监督机制约束的运作行为。在这样的理论认识突破的基础上,才能真正塑造出国有资本的出资主体,解决好由谁出面处理“混”的问题,“混改”以后的国有产权经营维护问题,结合经济发展阶段目标和市场环境变化机会的国有资本的灵活进退操作问题,由此赋予国有资本的经营活力,实现国有资本与市场经济的相容性。这样就能够清晰地回答坚持公有制与积极发展混合所有制完全可以并行不悖。

第三,配置在具体的产业领域的国有资本与其他社会资本的混合合作,使得“以公有制为主体、多种经济成分共同发展”的社会主义基本经济制度,找到了与市场经济相容的重要实现形式。

对于混合所有制在中国的发展，还需要对导入的方式和导入的路径进行讨论，以加深认识，而不应简单地比照西方经济生活中的公司制成长发育方式。强调这种导入方式和路径上的特殊性，有助于我们正视在公司治理行为上存在的"路径依赖"因素。积极发展混合所有制，在社会经济生活的宏观意义上，在多种经济成分并存的环境中，需要探讨公有资本如何发挥好控制力、影响力和抗风险的能力；发展混合所有制解决了在微观上不同所有制成分相互激励、相互制衡问题；在治理机制上，如何处理不同出资人之间的相互关系，如何理解共同出资经营的权益—权能表现。比如说，你持有某个企业的10%股权，你不能说某台机器是我的，只能说自己占有机器的10%，包括该企业其他所有资产的10%。由此加深理解混合所有制企业是投资各方资本的融合和合作。对企业的治理行为只能是通过股东大会和董事会的决策程序进行，股东不能直接向混合所有制企业下达指令，既往的政府直接向企业下达指令的做法必须改变。对应于政府职能的转变，政府更多地通过市场环境间接地影响企业，不能直接地向已混改的企业下达指令，由此可能会引起政府官员行为上的某种不适应，以至于有权利"失落"的挑战，这也是观念转不过来的深层次原因。经济体制转轨进程中明显存在的对于整个社会的市场经济运行调控在许多方面不适应，存在着体制性的短板，特别是在社会公共产品方面的投入和日常管理又存在投入不足和管理真空，表明了这种政府职能的转化需要时间、有时甚至也需要有"试错"的实践经验的积累。这种认识和行为转变的快慢也直接决定了改革推进的节奏。特别是重视保证经济安全和经济发展稳定的相互关系，成为改革深化自身所需要的非常重要的约束条件。由此决定了改革急不得、等不得、快不得也慢不得的辩证认识。

最后，对于既有的理论存量和实践惯性，可以归结为观念的力量，需要着力于培育混合所有制文化，以加快观念更新，我们理论工作者有责任联系经济发展历史深化认识、多做工作。今天中国的"混"跟电视纪录片《公司的力量》描述的西方公司出现、成长导入的阶段、导入的方式、导入的入口和导入对整个生产力发展的保护和拓展的意义都有不同。西方当年混合经济的出现，跟我们今天的"混"完全不一样。但是，我们还是要强调和认识"混"的背后是产权的开放、市场准入的开放，因此，每一个社会参与者都要有开放的心胸，要有平等合作的意识，要有法治精神，这恰恰也是我们的核心价值观所强调的东西，用到我们推进国有企业改革场合，恰恰也是很实在的东西。

第 3 章
政企不分：影响国企改革深化的制度性瓶颈

葛培健

就作者在企业一线工作的感受来看，政企不分仍是困扰和束缚目前国资和国企改革的瓶颈。惟有坚持问题导向，国资、国企改革才能走出困境，才能打破深化国资、国企改革的制度性瓶颈。

一、政企不分是深化国企改革的机制性缺陷

政企不分是国资和国企改革先天不足的地方，而我们的相关部门常常陷入矛盾状态。对深化国企改革的态度是抱在怀里怕瘫痪（国企没有活力）、自我革命怕伤残（政府没有了权力）、放到市场怕紊乱（担心国企没有竞争力），这就出现了我们现实中看到的国企改革就像“戴着镣铐跳舞”，有一种凄美的感觉。我们国家自 1992 年提出“以建立现代企业制度”为目标的国企改革以来，可以说是“摸着石头过河”，提出的目标和方向也很“丰满”，但是从近 30 年的实践来看却是很“骨感”，这不是市场不给力，而是体

制推动无合力、相关部门无压力、关键岗位不卖力。

总结原因主要表现为:思路常变、循环反复、不接天线。所谓思路常变就是没有始终坚持现代企业制度的目标导向,也就是说国企改革的一些制度性设计、体制机制设计缺少一线调研,许多思路“不接地气”;所谓循环反复主要体现为朝令夕改,比如在国企实施董事会试点这件事,一拍脑袋在某一国企设立了董事会,没过一年,又取消了董事会,导致国有企业改革无所适从;所谓不接天线就是典型的外行指挥内行,凡事一刀切、一棒槌,既当运动员,又当裁判员,今天要求国企这样,明天要求国企那样,没有建立一种让真正懂企业的人去改革、管理企业的运行机制。

可喜的变化是,自 2013 年起,上海逐步推进国资、国企从管企业到管资本的转变,强调从“管国企”转向“管国资”、推行职业经理人制度和国有资产资本化等。

2015 年 9 月,《中共中央国务院关于深化国有企业改革的指导意见》(以下简称《意见》)正式对外公布,“市场”两字在《意见》中出现多达 35 次。

2017 年 5 月 4 日,国务院办公厅发布《关于进一步完善国有企业法人治理结构的指导意见》;5 月 10 日,国务院办公厅转发《国务院国资委以管资本为主推进职能转变方案》。5 月 21 日,党中央、国务院印发《关于深化石油天然气体制改革的若干意见》。三份文件,都是国字头的、重量级的,都围绕一个核心,就是市场化经营。

但政企分开谈何容易。2003 年起,各级国资委成立,试图在国企管理体制层面改变政府直接干预企业经营管理的局面,但结果一般。本人的博士论文是《国有控股上市公司领导人双重身份下决策行为冲突研究》。在研究成果中,有数据表明,我国国企具有“行政级别”和“行政选拔”干部的现象严重，53.92%的上市公司的领导人仍由上级政府部门任免和管理，具有行政级别。由于国有股的行使主体具有特殊的强势地位，直接拥有对国有控股上市公司董事、董事长和经营者的任免权、监督权及升迁权，既任命董事又任命经营者，即由政府或国有资产管理部门任命在国有公司担任一定领导职位的领导人，同时又通过国有公司推荐上市公司的领导人。这类双重身份的领导人参与上市公司重大决策和经营管理时，既要仰视，又要俯视，既要全局，又要局部，从而左右为难，导致在决策时产生“双重身份”的角色冲突。

二、政企不分源于行政体制与市场机制的冲突

政企不分为何一直在谈，一直未改？原因就在于国企改革近30年来，我们一直没有解决好两个问题，即国企经营方式市场化与国企体制、机制的市场化，可以概括为三个“位”，即政府如何定位、企业需要换位、监管不能缺位。也就是说，政府要当好“婆婆”，不该管的不要管；企业要懂得换位思考，当好“媳妇”，不该做的不能做；外部监管不能“走马观花”，该怎么做就怎么做。具体表现在：

第一，政企不分源于政府对社会管理权和企业经营权的混淆，政府监管部门未能正确定位自身的“管理权限”。政企不分的矛盾本身不在企业，而是其背后国资、国企监管制度与现代企业制度的矛盾，是政府管理体制的供给侧改革不到位、“不合规”状态。

第二，政企不分源于一直以来的行政管理体制，导致政府的“行政化管理惯性”。例如，每个国企都有行政级别，每个国企都

与当地政府有着千丝万缕的联系。特别是非上市国企的管理更是有着“政府是娘家”和“政治优先”的说法,这就有了国企改革在政企分开的道路上“一放就乱、一管就死”的尴尬现状。

第三,政企不分有着深层次的体制机制问题,是《企业法》转向《公司法》过程中的磨合问题。从法律法规层面上,我国国有企业受《企业法》调节,这是政府管企业的体制机制,历史上曾极大地带动国有企业的效益提升,但当前已不适合市场经济发展的要求。当前的国企特别是上市国企,更多地需要建立在《公司法》的基础上实现公司治理。即国有企业所依法律应从《企业法》转向《公司法》,应从行政隶属关系转变为以股权为纽带的出资人管资本的关系。

三、政企分开的关键在于去行政化、走市场化、促规范化

如何解决政企分开,关键就在于去行政化、走市场化、促规范化。政府要放权,要回归到社会管理和公共服务领域,将资源配置的决定权和企业的经营权归还给市场与企业,要正视以管资本为主的监管体制改革,以建立现代企业制度为核心的公司制改革,要推动以混合所有制为核心的产权改革。

我认为,推进改革的方向是坚持“去行政化”,推动改革的动能是坚持“走市场化”,保障改革的关键是坚持“促规范化”。政企分开,破解行政与市场体制机制冲突的关键是要实现三者的有机统一。具体措施有以下三点。

其一,围绕“放权”,坚持“去行政化”,回归政府和企业核心定位。

落实所有权和经营权分离。要减少政府干预企业经营决策

的行为,“婆婆”要把好方向,让国有企业真正成为自主经营、自负盈亏、自担风险、自我约束的市场经济主体。要理顺出资人、决策人和经营管理人的关系,建立并完善以管资本为主的国有资产监督管理体系,加快完善国有企业分类考核和监管方式,提高监管的科学性和有效性,要让政府“有形的手归位”,市场“无形的手到位”。必须正确认识到,所谓的“两权分离”,并非“弃子”,不要所有权了,而是“放手”具体经营的权力;所谓的“管资本”也并非不管企业,而是不能再管企业的具体经营行为。

坚持“放管服”改革。“放”是政府重新定位自身角色,实现政府、企业各自归位的举措。“管”是从管企业到管资本的变化,是政府管理供给侧改革的要求。“服”是政府服务企业,帮助企业营造公平便利的市场环境,降低制度性交易成本,充分调动市场主体积极性的改革措施。正如李克强总理所说:“要不断通过深化‘放管服’改革,处理好政府与市场的关系,为企业解开‘枷锁’,释放市场活力和社会创造力,解放和发展生产力。”

其二,落实“让权”,坚持“走市场化”,发挥政府和企业各自职能。

健全市场化经营体制机制。落实“让权”,核心在于市场化经营,并建立与之相适应的体制机制。从 2017 年 5 月发布的《意见》和《方案》来看,其核心精神是要实现国资监管从管资产向管资本的职能转变,实际上是体现国资改革引领国企改革,从顶层设计到政策落地。鉴于此,国资监管需改变原来管人、管事、管资产的“三管”角色,回归出资人身份,加快向管资本为主转变;企业应依据现有法律和公司章程,不断优化公司股权结构,健全法人治理结构,完善公司治理。比如,可探索设立国有投资运营公司,建立国资监管和企业之间的中间层,接好国资委下放监管权,用好市场经营权,明晰政府与市场的边界。国资投资平台更加侧重于推动产业集聚和转型,优化国资布局;国资运营平台则更加侧重于提升国资运营效率,促进国有资本合理流动。这既为国资监管部门"管资本"提供了操作平台,又为企业自主经营提供了制度保障。

落实职业经理人选聘制度。放手让"媳妇"敢于作为、大胆作为,让董事有"话语权",尽量避免"行政选拔"现象和"行政指令性"行为。时任上海市委书记韩正 2013 年在上海市深化国资改革促进企业发展工作会议上就表示,要完善有利于企业家成长的任职机制,让懂市场、懂经营的人来干企业,让干得好的人以企业为家,不能总是铁打的营盘流水的兵。中央《深化意见》中也指出,推行职业经理人制度,实行内部培养和外部引进相结合,畅通现有经营管理者与职业经理人身份转换通道,董事会按市场化方式选聘和管理职业经理人,合理增加市场化选聘比例,加快建立退出机制。推行职业经理人制度,可探索从国资系统内部准市场化起步,通过公司股东会、董事会选聘,实现从"行政任命"到"市场选聘"职业经理人的转变;可探索从契约化管理起步,通过市场化选聘职业经理人,实施经营层任期考核,逐步实现董事会选聘职业经理人的完全市场化,从而使"畅通现有经营管理者与职业经理人身份转换通道"的要求具有可操作性。此种探索,建议可以从副总经理层面起步,这比较稳妥;如果追求效率更高,也可以直接从总经理开始。

其三,规范"行权",坚持"促规范化",保障政府和企业依法行权。

健全和完善立法体系。政企不分的深层次问题之一在于当前的法律法规与政府管企业的行为产生冲突,根源上是行政与市场的体制机制冲突，实则是现有法律法规体系与市场规则的冲突。原先国有企业受《企业法》的调节，适用于传统政府管企业的体制机制，而随着市场经济环境的变化，现有的制度体系已不适应于市场经济发展的需要，企业的发展迫切需要更先进的法律法规作指导，国企特别是上市国企更多需要在《公司法》基础上实现公司治理。因此，进一步夯实以《公司法》《企业国有资产法》《企业国有资产监督管理暂行条例》《国有企业监事会暂行条例》等法律法规为基础的制度体系，及时调整与目前国企改革操作中相违背的政策法规，完善相关配套政策体系，健全以公司章程为核心的企业制度体系，规范各权力主体责权定位和行权方式，实现深化改革与依法治企的有机统一。

规范和落实董事会职权。《意见》提出，2017 年年底前，国有企业公司制改革基本完成。截至去年底，国资委监管的央企各级子企业公司制改制面达 92%，省级国资委监管企业改制面超过 90%。国企实现向公司制改革转变，核心是要建立和完善公司治理模式，董事会是公司治理的核心，一个公司搞得好不好，最关键在于董事会。应树立“董事会中心主义”的理念，建立董事会市场化管理运行机制，强化市场化激励和约束作用，保证董事会不被大股东或内部人控制，最大限度维护股东利益；合理引入独立董事或外部董事，完善董事提名和表决机制、薪酬激励及考核机制，促进独立董事审慎尽责、积极有效地参与企业决策，发挥独董的专业职能和制衡功能，如实际成熟，建议可以探索设立首席独立董事制度，同时加强对独董履职的考核，考核结果强有力地与津贴、续聘挂钩。良好的公司治理是企业可持续发展的根本保证，董事会是公司治理的核心、也是公司价值的源泉，伟大的董事会创造伟大的公司；高度重视、大力并持之以恒优化公司治理，这将不断释放公司治理红利。

优化和完善企业股权结构。股权结构是公司治理的关键核心。要稳步推进国企股权结构的优化,通过引入战略投资者,实现强强联合、优势互补,不仅改变国有企业一股独大的局面,从股权结构上保证公司治理的市场化、规范化,形成能激励、有制约的公司治理状态,也更能为公司经营增强竞争力。通过员工持股、中长期激励等方式,与员工做"事业合伙人",形成利益共同体和命运共同体。

第 4 章
转型时期的国有企业

罗 知

很多学者提到了国有企业多重任务或者说政策性负担的问题,实际上这是传统的观点,由林毅夫老师提出来的。他认为国有企业承担着由传统发展战略所遗留的各种政策性负担:就业、养老、企业办社会。白重恩老师在 2000 年也提出一个关于多重任务,国有企业要吸纳社会冗员,提供各种各样的公共品服务。

这种传统的国有企业多重任务或者说国有企业政策性负担来源于哪里呢?总的来说包括两个方面,第一,早期的社会保障体系不完善,国有企业作为经济构成中最重要的一部分,它承担很多社会性功能。第二,政府由于推进重工业优先发展的战略,导致重工业吸收的劳动力人数远低于轻工业,国有企业成为保障就业最重要的途径。

由于这两方面的原因,国有企业承担了很多政策性负担。政策性负担会带来很多问题,使得国家无法利用国有企业实际利润水平作为考察企业经营绩效的指标,进而带来预算软约束问题,导致很多国有企业效率低下。事实上经过 30 年的改革,政策性负担到目前为止已经在很大程度上得到了减轻，或者说国有企业已经摆脱了绝大部分政策性负担。为什么呢？1998 年国有企业经历大规模破产改制，2000 年左右国有企业大量职工下岗分流。到 2002 年国务院出台国有企业分离办社会的职能，所以现在已经基本上看不到国有企业有小学、医院、幼儿园了。另外，我们国家逐步建立了全面的社会保障体系，现在连农村的居民都开始有医保和社保。所以林老师提的观点，可能在 2000 年以前是非常有意义的，但是从目前来，国有企业政策性负担基本上已经消失了。前面也有学者提到冗员问题、就业问题，但是，现在国有企业就业人员只占全部劳动人口总量 15％左右，国有企业的冗员问题在很大程度上得到了缓解。林老师和白老师提到的政策性负担虽然基本消失了，但这并不意味着没有其他的负担，或者说应该叫国有企业的多重任务，这些任务是什么？主要两个：第一，帮助政府保增长。第二，帮助政府维护社会稳定。维护社会稳定主要体现在两方面，一是经济下行期的就业，还有一个是收入分配公平的问题。

我们首先来看一下，为什么国企在转型时期会面临这样的两个新任务。主要原因是政府的首要目标一是保增长，二是维护稳定。政府有没有这样的能力要求国有企业配合它？当然有，为什么？因为政府和国有企业有非常强的隶属关系，我们知道很多企业隶属于各地政府，包括中央政府、地方政府、县级政府。第二，政府对国有企业高管有非常大的任命权，不仅任命国有企业董事长，包括总经理、财务总监都有任命权。另外，政府对国有企业还有考核权。总的来说，政府有这样的目标，也有这样的能力。另一方面，国有企业也有这样的动力。为什么会有这样的动力呢？因为，国有企业高管更像官员，而不是企业家，他想完成好上级政府布置的任务,然后就有可能晋升,或者调到系统内更好的企业做董事长。

政府为什么要国有企业来帮助它完成这两个任务?一方面,政府想要保增长。从国民经济核算等式可以看到,Y 等于 $C+I+G+NY$,C 就是消费,消费政府很难拉动,几十年都没有拉动消费,消费的变化需要消费习惯改变,需要很长时间。进出口呢?进出口也不行,很大程度上依赖于外部环境,外部环境不行是没办法改变进出口的。私人投资呢?私人投资比较理性,如果经济环境不好,或者是经济形势不确定性比较大,私人投资很难追加投资。政府支出行不行呢?也有问题,这个跟财政收入有关系,而且很多决议要通过各种会议来进行决定。所以总的来说,政府在这四个方面想拉动经济的话,可能政府支出能有一些作用,但是还是有很大的掣肘。另一方面,国有企业的投资是政府完成保障增长任务非常大的天地。为什么?因为国有企业支出不进入政府财政预算,而且通过国有企业投资,可以非常有效地提高地方政府固定资产投资。

笔者和中山大学徐现祥老师的文章度量了一个指标,即政府计划外投资。每年两会上各级政府,上至中央下到县级政府都会发布一个《××年经济社会发展完成情况和××年社会经济发展计划》,在这个报告里会告诉我们政府今年准备 GDP 增长多少、固定资产投资要增长多少的目标。同时第二年回顾一下这个目标实施情况。计划的目标和实施的目标有差异,这就是所谓的计划外投资。我们发现计划外投资基本是依靠国有企业或者与政府有关的企业完成的。而且我们发现,在经济上行期(经济扩张)的时候,这种关系会很弱;经济下行期,这种关系会很强。经济走强的时候,政府不需要国有企业配合它干事情;在经济下行时政府保增长的目标比较紧迫，这个时候需要国有企业发挥作用。我们研究发现，由于政府和国有企业之间有隶属关系，国有企业确实在帮助政府完成计划外的投资，帮助政府完成保增长目标。第二方面，国有企业帮助政府保证社会稳定，国有企业有一定的社会稳定器的作用。

笔者和学生在最近论文中发现，现在冗员问题并不像是90年代出现的大量冗员。我们发现经济下行、产能过剩的时候，私营企业会大量调整就业人员。一个企业的固定资产很难调整，但是调整劳动力投入很容易，企业可以通过劳动力投入的变化马上调整产出水平。但是我们看到国有企业在经济下行期解聘员工的速度远低于私营企业。经济下行期，按道理说大家都应该减少生产、去产能，保证企业继续生存，但是国有企业没这样做，而私营企业这样做了。另一方面，我们发现一个非常有趣的现象，就是经济上行的时候，私营企业扩张，国有企业这个时候反而会解雇员工，为什么？这就是国有企业正在发挥就业稳定器的作用。当经济很差的时候，如果把国有企业员工解雇了，这些人在社会上找不到工作，但当经济很好的时候国有企业去清理冗员，他们很容易在私营企业或者其他企业找到工作，对社会稳定的负面冲击很小。所以可以看到，现在的国企不是没有冗员，它也不是不解决冗员问题，只是解决冗员的途径不同，在经济好的时候，国有企业会大力推进冗员清理，但是经济差的时候就保障就业。

另外我们还发现了，在收入分配偏向资本的时候，国有企业会提高劳动收入占比，就是劳动在GDP中所占的比重。国有企业还可以减轻劳动力价格扭曲。中国劳动力价格和资本价格都是被压低的，但是如果国有企业比重比较高，劳动价格扭曲比较轻。从这点来说,国有企业也在通过就业和收入分配两个方面去帮助政府维护社会稳定,所以我们认为新的时期,国有企业有两个任务,一个任务是帮助政府保证增长,另外一个任务是帮助政府维护社会稳定。

说到这里,大家好像觉得国有企业特别好,但实际上任何事情都有利有弊,多重任务也会带来很多效率损失。我们研究发现第一个很大的效率损失,就是国有企业行为的短期化。这种投资行为包括固定资产投资、长期投资、创新研发投资,都表现出非常明显的短期化。为什么?因为国企要配合政府完成任务,而且必须在短时间完成,这会占用企业长期发展基金,同时在短期作的决策很有可能并不符合企业长期发展的方向。我们现在看到的都是短期的问题,但是短期的问题和长期的问题可能会背道而驰。

另外可以看到管理层只会注重他任期内的经济考核。我们的研究发现,如果国有企业董事长任期越短,他各种投资和决策行为,短期化倾向是越严重的。另外,国有企业执行多重任务带来非常大的损失就是要素价格扭曲,因为政府在要求国有企业完成任务的同时,也会给国有企业一些帮助,帮助它们完成任务。最大的帮助是增加国有企业补贴,或者给它们一些大型项目,这些项目或者补贴怎么来的,就是通过我们金融体系,将低成本的资金输入到国企,然后加剧资本价格扭曲,最终会导致整个社会资源配置效率恶化。

针对国企多重任务,笔者将提出几个微观的国有企业改革方向。目前国有企业多重任务以及带来效率损失的根源是政府和国有企业之间有隶属关系。政府有需求,企业有动力。有关国有企业效率低下最重要的原因,笔者比较认同张维迎老师的观点,国有企业所有权是缺位的,控制权和所有权是不匹配的,所以导致企业就像行政机构，不像民营企业一样是逐利的，高管也不像企业家，更像官员。

要解决这个问题最根本的是产权改革，所以对于竞争性行业，国有企业要尽可能退出。但带来一个问题，究竟什么是竞争性行业？什么是涉及国家命脉的行业？这个问题很关键，比如国家认为机械工业、电子工业、汽车工业、石油化工业、电信、金融业都是涉及国家命脉的行业，但是看看其他的发达国家，这些行业都是开放的，都是充分竞争的，有很多私营资本在里面。如果把竞争性行业的范围框框定得特别小，那么所谓的竞争性行业国有企业退出就没有太大意义。但是，另一方面，确实有很多国有企业没有办法退出，为什么？它涉及经济命脉，比如交通、能源、电网，对于这样的企业怎么办？这些企业只要存在他们仍然是会执行多重任务。对于这类企业，我的想法是：(1)对于企业监管和管理，重点放在防止国有企业资产流失上面，而不是国有企业的经营上，这一点在中央的文件里面已经看到了。(2)目前来看，政府对国有企业约束不是太少了，而是太多了。我们应该减少对国有企业的约束，比如，建议可以延长国有企业董事长任期，大部分董事长在 60 岁左右退休，甚至在 58 岁退到二线，而且基本上董事长在一个企业只能干 6—8 年，这有什么坏处呢？笔者关于国有企业董事长任期的研究发现如果董事长的任期很短，那么根本不会做"前人种树，后人乘凉"的事情。因为种树的成本是自己的，收益是下一任董事长的。所以董事长任期不延长，那董事长短视行为是没有办法得到根本改变的。(3)对董事会下放对于高管的任命权和企业的考核权，这两项权利不应该交给国资委，因为他们是官员，他们的目标和企业的经营目标是显然不同的。(4)建议取消国有企业董事长行政级别，尽可能阻断国企董事长晋升为官员的通道。

第二,国有企业之所以执行多重任务,很大一部分原因是官员考核机制。所以国有企业考核体制改革,必须伴随着官员考核体制改革。如果官员始终以 GDP 作为考核首要目标,他必然会干预国有企业生产和行为,国有企业成为官员提升政绩重要的工具,比如僵尸企业就是。笔者从一位国有企业总经理那里了解到,他们本地企业亏损特别严重,可是市里面几乎每个月都给企业补贴上亿的资金。问他政府为什么要这样做,他说为了 GDP,只要企业继续生产就有 GDP,企业虽然亏损,但是把 GDP 做上去了。所以,关于官员考核体制是不是应该进行相应的改革,如果指挥棒能变一变,可能底下企业也会改变。比如指挥棒不是 GDP,而是税收,这样僵尸企业就不存在了。

第三,国有企业改革一定要伴随着金融体制改革。国有企业执行多重任务,之所以导致资源效率配置低下,实际上金融体系在里面起到很坏的作用,因为银行是国有的。现在不仅有很多大银行,还有很多地方的商业银行,有时就像政府的提款机。所以应该向民营经济开放金融市场,加剧金融市场竞争,同时这样也可以避免系统性金融风险。绝大部分银行都是国有的,国有的银行又把钱借给低效率国企和僵尸企业,这些企业资不抵债,最后就会导致系统性金融风险,所以金融体制改革也是非常重要的。

第5章
“垂直结构”下的国有企业改革*

王 勇

一、引言

2008年全球金融危机以来，受外部市场需求长期疲软以及自身发展阶段的结构性诸多因素影响，我国经济从高速增长转向中高速增长的“新常态”。在经济持续下行的背景下，我国国有企业普遍面临产能过剩、利润率下降、杠杆率上升等问题，尤其在钢铁、煤炭、水泥等行业最为突出。与国有企业债务不断上升相对应，民营企业杠杆率则出现了持续下降，我国国企杠杆率不断上升，这与2001—2007年工业中的国有企业整体利润率（利润与营业收入之比）高于民营企业整体利润率的情形完全不同。尤其是2012年以后我国经济进入下行期，经常账户盈余占GDP的比例已经从危机前2007年的7.56%下降到2016年的不足3%。2016

---

* 本文基于为中央财经领导小组办公室委托的“国有企业与民营企业关系”的研究课题报告修改而成。发表于《国际经济评论》2017年第5期。

年净出口对经济增长的贡献率变为－6.8%,表明出口已经不是拉动经济增长的主要驱动力。

在这一新常态下,如何正确处理国企与民企的关系?如何理解2008年后国企整体利润率出现反转开始低于民企利润率?如何解释改革开放以来国有企业和民营企业之间此消彼长的相对变化?如何推动当前的国有企业改革?客观准确地回答这些问题,对于深化我国正在推进的供给侧结构性改革,提高经济活力和长期经济增长潜力,具有重要的现实意义和政策指导含义。

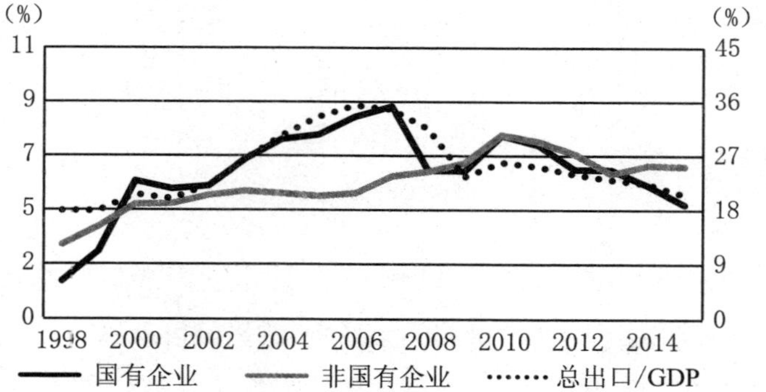

图5.1　中国工业企业中的国企与非国企的利润率(总利润/总产出)趋势图

资料来源:中国国家统计局历年统计年鉴。

如图5.1所示,国有企业与民营企业的经济绩效在不同时期表现出不同特征。以利润与营业收入的比值衡量,上世纪90年代,我国工业企业中国有企业利润率显著低于非国有企业,而2001—2007年间,国有企业利润率高出民营企业近2个百分点。然而,2008年后,国企利润率不断走低,尤其在2013年后,国企利润率出现显著下降。2015年,国企利润率已低于民企1.6个百分点(如图5.1)。同时,自2001年加入世界贸易组织之后,我国国有企业利润率与出口率(总出口与GDP之间的比值)之间表现出较强的协同性。总出口占GDP中的比重与国有企业的利润率之间呈现出较强的同步变动。然而数据显示，该段时期内，我国国企的直接出口量一直远远低于非国企的直接出口量，而且国企出口比重在总出口中的比重一直在不断下降，2012年以后已经降到14%以下。尽管如此，与民营企业利润率相比，国企利润率与出口的相关性却更高。

我们认为，在改革开放进程中，国企与民营之间关系经历了动态调整和变化。上世纪90年代的国企改革，使得国有企业逐渐从直接面向消费者的制造业（比如服装业、家电产业等等）与消费型服务业（比如酒店、餐饮、娱乐等等）这些下游产业中退出，而在能源、金融、电信等生产中间产品和中间服务的这些关键的上游产业中依然处于主导甚至垄断的地位，从而形成了上游国有企业主导、下游民营企业主导并且更加开放的“垂直结构”。在这个“垂直结构”中，上游国企向下游的民营企业提供不可贸易的（或者虽然可贸易但是受到政策规制的）中间品或者中间服务，而下游民营企业则向国有企业购买这些关键的中间品与中间服务，并利用其他可贸易的中间品生产最终产品。

经过上世纪90年代在下游产业的“国退民进”，到了2000年左右，“垂直结构”基本形成。与此同时，我国也正好处在劳动力从农业部门向非农业部门不断转移的结构转型过程（主要是工业化）以及1992年邓小平南方谈话以后重新开启的积极参与到世界贸易体系中去的贸易全球化过程，尤其是2001年12月我国加入世界贸易组织（WTO）以后，处于下游的民营企业更是充分利用我国劳动力成本优势，发展劳动密集型产业，在国家出口导向型的政策环境下，出口与产出都迅速扩张，推动了整个国家的经济增长。而正是由于前文所述的这种“垂直结构”，处于上游的国企能够利用自己的垄断优势在这个工业化与贸易全球化的过程中向下游的民营企业销售更多的中间产品与中间服务,从而能够不断获得整个生产过程中更大比例的利润。因此,也就出现了图 5.1所示的相比民企,国企利润与我国出口相关度更高的事实。也就是说,由于产业价值链的关系,上游国企可以通过下游的民企实现间接出口,而且上游的垄断使得国企能够从下游的出口中得到比下游民企更多的利润。

以上这种"垂直结构"的逻辑阐述最早是由李系、刘学文和王勇(2014)提出并且系统论证的。迄今为止,基于这种垂直的产业结构特征来分析国企民企关系的视角尚未引起学术界与政策界足够的重视。本文将重点根据这篇论文以及杜巨澜与王勇(2015)这两篇论文的核心思想来进一步阐述 2007 年之后这种"垂直结构"对国企与民企绩效变化的解释,强调的是经济结构与发展阶段的重要性,是新结构经济学的研究方法的一个具体应用(王勇,2017)。

2007 年美国的次贷危机引发全球经济危机的爆发,使得国际市场对中国产品的需求降低,加上人民币升值等诸多因素,使得中国的外需相对下降。在内需增长缓慢的背景下,外需下滑限制了下游产业的产量扩张,同时劳动力与土地成本的上升,人民币的升值等等,也在不断挤压下游产业中的民营企业的利润空间,进而又通过产业链导致对上游企业产品和服务需求的下降,而上游国企征收的是垄断加成价格,所以当需求量下降时,收入以及利润的下降幅度甚至要高于下游的民企。这就是为何图 5.1中 2007 年之后,国企与民企利润率普遍下降,前者甚至下降得更快。同时,根据这个"垂直结构"的分析,与下游民企相比,上游国企的供给由于生产周期更长,生产计划调整更加缓慢,从而更容易出现产能过剩以及“僵尸企业”的现象，这个推论与相关数据也是一致的。

本文正是试图从这种上、下游产业链的角度，解释我国目前国企和民企之间“垂直结构”的关系，研究以促进竞争、提高效率为主要目标的国有企业改革对资源配置效率、去“过剩产能”以及要素市场等领域的影响，并在此理论基础上，对我国国有企业改革提出针对性的建议。

本文的其他部分安排如下：第二部分更加详细地论述我国国有企业与民营企业之间关系的变化，提供国企与民企之间的“垂直结构”的数据证据，并且充分阐述其内在逻辑；第三部分论述这种“垂直结构”的危害性以及相关国企改革的必要性与迫切性；第四部分讨论按照这一思路推进国企改革将会带来的经济效果；第五部分进一步提出如何推进国企改革的有关建议。第六部分是结语。

二、我国国有企业与民营企业的关系演变

改革开放以来，由于较为宽松的经济环境及巨大的劳动力成本优势，在生产消费品及消费服务的下游产业中，民营企业大量出现并快速发展。与此同时，在政府“抓大放小”的国企改革政策下，除了烟酒等价格替代弹性低从而有利于征税的少数产业以外，很多下游产业中的国企都失去原先的垄断主导地位，且由于其承担了额外的社会性及政策性负担，加上产权引起的公司治理问题及外部竞争的加剧，纷纷亏损、倒闭、转制，从下游产业中逐渐退出。

20 世纪 90 年代中后期的国企改革主要是发生在下游产业中。随着这些下游产业的市场化放开，其市场竞争性也越来越强，国有企业不断退出，而民营企业，包括外资企业不断进入，即

所谓的“国退民进”。国企与民企在这些下游产业中直接竞争，而国企失去了之前所享受的各种保护与补贴，在日益激烈的市场竞争中经济效益变差，很多破产重组。另外，为了维持社会稳定，降低失业率，下游产业的有些亏损较大的国企依旧被不断补贴，从而拉低了这个时期整个国有部门的利润率。

2001年我国加入WTO后，在经济贸易全球化和工业化的结构转型的过程中，下游民营企业利用中国廉价劳动力的比较优势和国内外市场迅速扩张壮大。而国有企业逐渐集中于上游的关键产业（比如能源、金融、通信等产业）。随着外需的扩大，下游产业（比如酒店、宾馆等消费型服务业和生产生活用品的轻工业）对于上游产业生产的中间品与中间服务需求猛增，而上游这几个核心产业却是由国有企业垄断的，因此这些上游产业中的国有企业就可以通过对下游产业的民营企业攫取垄断“租金”来获得更高的利润率。下游民营企业发展得越好，上游国有企业的利润就越高。而在2008年国际金融危机以后，外需相对下降，下游部门的出口受到很大抑制，导致下游部门对于上游产业的引致需求也随之下降，进而引起国企的利润下降幅度更大。

可见，在改革开放过程中，随着国企改革的推进，国企与民企之间的关系主要经历了：上世纪90年代上游产业由国企垄断，而下游产业不断引入竞争，民企不断壮大，国企逐渐退出，到新世纪后国有企业主要集中于上游产业并提供不可贸易的中间品，而民营企业集中于下游产业，并向上游购买不可贸易的中间品的关系。利用中国规模以上工业企业数据库的研究也表明，在价值链上游的企业中，国有企业的比重远超非国有企业，而下游企业中，大多以非国有企业为主，进而形成了国有企业居上游提供中间品，下游民营企业依赖上游国企提供的中间品完成生产活动使用的“垂直结构”。

目前对国有企业与民营企业之间的关系的研究主要关注水平结构,即(潜含)假设国企与民企是在同一个产业内竞争,或者是在横向的可替代产业间竞争,这是上世纪90年代中后期国企改革抓大放小的情形。然而对当下的国企改革问题,更加重要的却是垂直结构的分析视角,它主要是基于产业价值链,对国有企业与民营企业所主要占据的产业从生产的投入产出表的垂直角度进行了划分。

迄今为止,基于这种垂直的产业结构特征来分析国企民企关系的视角尚未引起学术界与政策界足够的重视。此外,2001年中国加入世界贸易组织之后,自由贸易为下游的产业带来了更高的利润,这使得上游产业中的国有企业从全球化中间接地抽取了更高的利润。这同时也有助于解释国有企业的利润率与出口和GDP比率的相互关系,尽管国有企业在总出口中的比重低,但其仍然与GDP的增长比例同步。

本文对1998年以来国有企业与非国有企业在垂直结构中的特征进行了量化分析,并提供了我国国有企业在过去20年的垂直结构发展的详细证据。根据利润率(即公司收益率)将工业部门分为两类,即处于上游的高利润产业和处于下游的低利润产业。图5.2显示,国企份额随着改革在不断降低,国企主要集中在上游高利润产业,而在下游低利润产业中国企所占份额已经很低。如果观察国企份额在两类产业中的趋势,可以发现国企在下游的低利润产业中份额下降得更快。图5.3显示,如果以1999年作为基准点,在低边际利润组中,国有企业比重下降更明显。这种不平衡的组成变化表明,部门不对称是国有企业与非国有企业的相对绩效的重要方面。

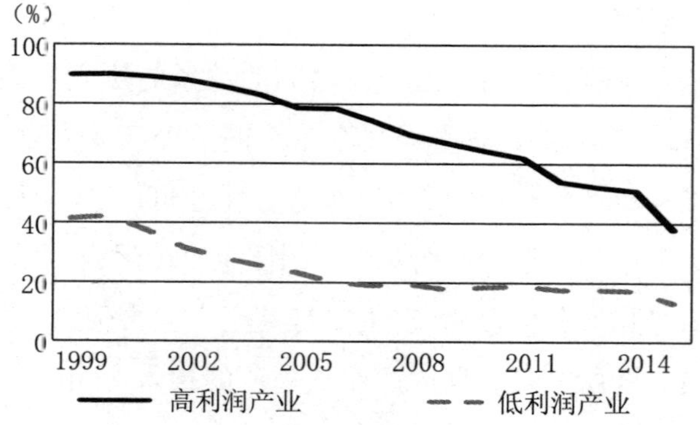

图 5.2　国企在不同产业中的产出份额

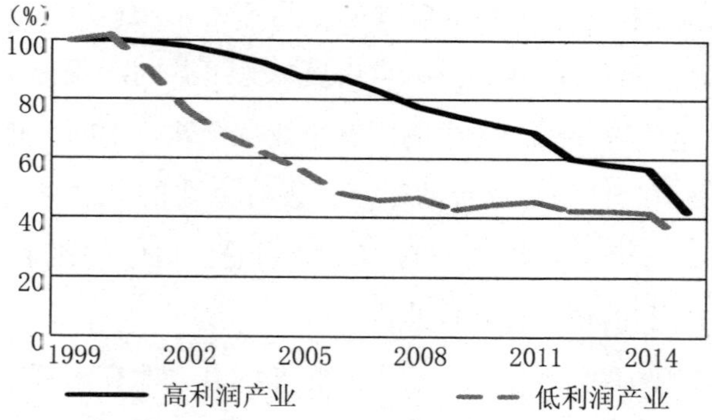

图 5.3　国企在不同产业中的产出份额趋势图

资料来源:中国国家统计局历年统计年鉴。

为了进一步探讨国有企业和非国有企业在不同行业的分布,我们根据 Antras 等(2012)提出的算法,利用我国投入产出表将行业划分为上游和下游行业。虽然评分在不同年份之间略有不同,但上游和下游产业的分类保持相对稳定。图 5.4 表明,在工业企业中,虽然上、下游中的国企比例都随着改革不断下降,但是在上游产业中国有企业的比重超过 50%,要远远高于在下游产业中国有企业所占比重(2007 年就已经降到 10%以下)。图 5.5

则以1995年作为基准年,显示在工业企业里,下游产业的国企比例下降的幅度要大于上游产业的国企的下降幅度。

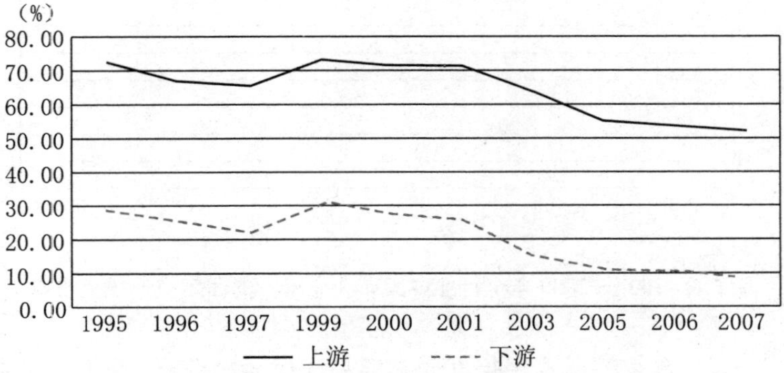

图5.4 工业中国企在上下游产业中各自所占的附加值比重的趋势图

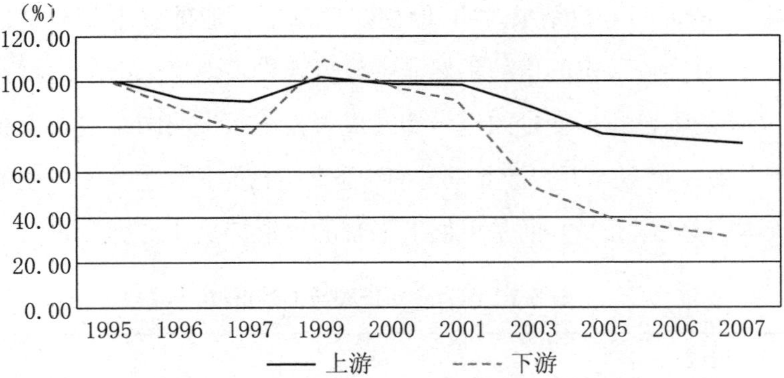

图5.5 工业中国企在上下游产业中各自所占的附加值的比重的相对变化(1995年=100)

以上是在工业部门中的国企在上下游的分布变化图,显示出上游由国企主导,下游由民企主导的“垂直结构”模式。这样的分布态势对于包括了服务业以后的全行业也是如此。图5.6显示在全行业中,国有企业在上游产业中所占的固定资产投资份额远远高于国企在下游产业中所占的固定资产投资份额。

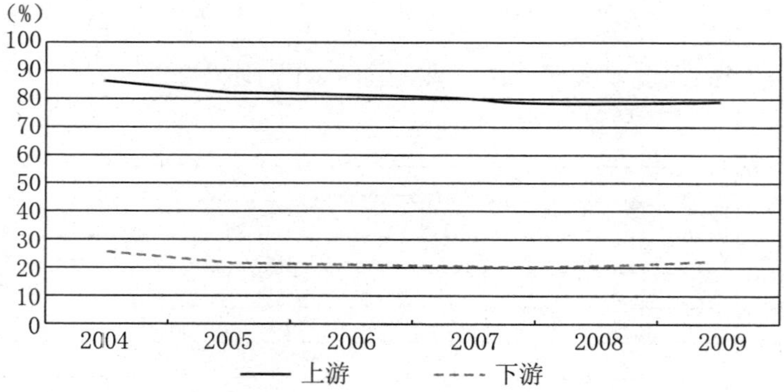

图 5.6　2004—2009 年全行业中国有企业所占的固定资产投资份额

国有企业的资本密集度通常要高于民营企业，但是国有企业与民营企业是否仅仅是按照产业的资本密集度大小分布呢?表 5.1 的回归分析结果表明，即使在控制了行业的资本密集度以后，国有企业所占的份额仍然非常显著地更多地集中在上游行业(产业的上游虚拟变量的符号始终显著为正)，说明国企主导上游产业而民企主导下游产业的这种“垂直结构”并非是因为产业的资本密集度造成的，而是根据上下游的价值链呈非对称分布的。

表 5.1　国有企业份额与上游指数

国有企业份额	(1) 工业产出	(2) 员工人数	(3) 工业增加值	(4) 销售收入	(5) 固定资产	(6) 总资产
上游虚拟变量	0.117 5***	0.199***	0.183***	0.188***	0.233***	0.223***
	(3.232)	(3.531)	(3.344)	(3.491)	(4.093)	(3.962)
资本密集度	0.001***	0.001***	0.001***	0.001***	0.001**	0.001**
	(3.171)	(2.493)	(2.711)	(3.302)	(2.164)	(2.101)
常　数	0.297***	0.339***	0.314***	0.289***	0.392***	0.388***
	(9.383)	(10.252)	(9.763)	(9.144)	(11.712)	(11.773)
样本数量	373	407	373	407	407	407

注:括号内为 t 统计值，*，**，*** 表明在 10%、5%、1%的显著水平上显著。

本世纪初，生产力水平低的国有企业大部分已经从自由化程度更深的下游产业撤出，而一些关键性的上游产业仍然被国有企业所占据，当竞争性更强的下游企业通过生产力水平的提高和资本的积累而扩张时，对中间产品和服务的需求增加，而这些中间产品和服务正式被上游国有企业所垄断，因此，即使上游国有企业没有任何生产率的提高，上游国有企业也将获得更高的利润。虽然“垂直结构”的租金提取机制适用于封闭经济和小国经济，但贸易开放和丰裕的劳动力资源都对其起着重要的增强作用。假设没有国际贸易带来的外部需求扩大，那么对上游国有企业产品与服务的需求将不会增加那么多、那么快。假设中国是小国，从而没有这么丰裕的劳动力，那么上游国有企业将不能保持这么持久的高利润率，因为工资将会上升得非常快，这不仅会抑制对上游中间投入品与中间服务的诱致需求，而且还会限制由上游国有企业收取的垄断加价的规模和下游行业的国际竞争力。

三、经济新常态下推进国有企业改革的必要性

第一，国有企业与民企之间的“垂直结构”增加了民营企业的生产成本，降低了我国产品的国际竞争力。民营企业不但创造了较大比例的就业机会，而且通过增加出口提升了经济活力。民营企业在生产过程中，除了使用可贸易的中间品，还需依赖国内上游国有企业提供的能源、金融、通信、交通等不可贸易的中间产品或服务。由于上游的垄断性质，增加了民营企业中间产品的生产成本，从而压低了民营企业的利润空间，也降低了这些产品在国际上的竞争力。

第二，国企与民企之间的“垂直结构”在我国外需疲弱的情况下导致了国有企业所处的上游产业出现产能过剩，抑制技术创

新。2001—2007年，内外需持续走强及劳动力成本优势，使得下游民营企业在产量及数量上出现扩张，对上游国企产品和服务的需求随之上升，从而使上游国有企业利润率上升。2008年全球经济危机的爆发使得国际市场对中国产品服务的需求降低，加上人民币升值等诸多因素，使得中国的外需相对下降。在内需增长缓慢的背景下，外需下滑限制了下游产业的产量扩张，同时劳动力与土地成本的上升，人民币的升值等等，也在不断挤压下游产业的利润空间，导致对上游企业产品和服务需求的下降，而上游国企的供给由于生产周期长，未能及时调整生产计划而出现了产能过剩及利润率下降的现象。垄断利润的存在，也会让国企从事技术进步和创新活动的主动性和积极性降低，不利于整个经济的产业升级和效率提升。

第三，国有企业中的僵尸企业增加"去产能"难度并导致金融风险上升。由于上游产业征收的是垄断加成价格，所以面对同样一单位的需求量的下降，所对应的营销收入的下降幅度会比下游的更大，所以利润率也下降得更快。另一方面，下游部门的民营企业一旦亏损就会较快地退出市场，而中上游的国企即使亏损却仍旧得到政府的很多保护与补贴，因此从僵尸企业的产业分布来看，明显看到中、上游产业中的僵尸企业所占比例要比下游高，国企中的僵尸企业的比例也要远远高于民企中的僵尸企业比重。连续亏损的企业要持续运营，必然会增加银行贷款等外部融资，从而导致金融体系不良资产增加，风险上升。

第四，现有的"垂直结构"阻碍了经济结构转型，抑制了经济增长，降低了社会平均福利水平。即使没有2008年的国际金融危机的负面冲击，如果不对现有的"垂直结构"加以改革，那么随着经济的发展，我国的劳动力成本与土地成本的不断上升，人民币的升值，下游民营企业的生产成本也会越来越高，在国际市场上与其他发展中国家竞争的时候，我国民营企业所必须支付的上游关键中间品与中间服务的高昂成本也会让民营企业逐渐丧失竞争力。而如果下游民企的增长遇到瓶颈，上游国有企业的发展也将会遭遇困境。危机前我国国有企业在这一阶段的繁荣背后其实反映出来的是市场化的渐进改革的不彻底性，这种上游国企的行政垄断间接地扭曲了要素相对价格，阻碍了整个宏观经济的结构转型，抑制了 GDP 的增长，降低了社会平均福利水平。

四、推进上游国有企业改革的经济效果

(一) 国企改革有利于提高民营企业产品的国际竞争力

自上世纪末以来，政府实施“抓大放小”的企业所有制改革战略，国有企业改革逐渐开展。然而，一个产业中企业的规模分布并不是完全外生给定的，而是内生于产业特性、生产率与市场结构。而且，政府“抓大放小”的本质并非仅仅是主导经营规模较大的企业，私有化规模较小的企业。所抓之“大”还包含了其在价值链或投入产出关系中扮演的重要角色。比如，金融，电力，石油和通信等提供原材料，中间品或生产性服务的部门行业，依然以国有企业为主导。

中国加入 WTO 后，最直接的改变在于我国出口面临的海外关税与非关税壁垒下降，而且降低了关税政策的不确定性。我国产品得以进入国际市场的同时，世界庞大的最终品需求也向中国敞开。由于国内外市场对最终品的需求提高，我国下游民营企业相应提高供给，由于上下游的投入产出关联，下游民营企业对于上游中间品的需求也随之急剧提高，这时，享有市场垄断地位的

上游国有企业可以分享市场规模扩大带来的红利。研究还发现,上游部门垄断程度越高,其可获得的利润水平也越高。

开放我国上游产业的进入门槛,降低中间品的成本,有利于弥补由于生产要素价格上升带来的成本增加,保持我国最终产品的国际竞争力。21世纪初期以及之前,由于我国劳动力、土地等生产要素相对较为廉价,中间品成本对生产的抑制性影响尚未浮出水面。若生产中间品的上游部门依然维持垄断,那么随着劳动力成本持续上升,下游企业不再享受低廉劳动力价格,所以中间品价格对下游民企的抑制作用将愈加凸显。这是因为,目前我国最终品面临巨大的国际市场需求主要得益于价格优势,而价格优势的本质是劳动力相对充裕带来的劳动力成本优势。当劳动力低廉的比较优势逐渐丧失,中间品价格依然居高不下,下游最终品的价格将慢慢提高,渐渐丧失在国际市场的竞争力。我国生产的最终品的需求下降,也将降低上游国有企业的垄断利润。研究表明,如果上游部门放开进入门槛,引入更多的竞争,那么由中间品价格导致的下游企业发展瓶颈将一定程度上被消除。此外,中间品价格的下降将部分抵消劳动力价格的上升,这将维持下游民营企业的竞争力。消除上游产业垄断,促进上游产业内竞争,将降低民营企业生产成本,促进民营企业的研发创新与产品质量提升。上游企业生产的中间品价格是下游生产投入要素的成本,所以上游价格如果提高,那么下游民营企业生产的最终品的平均生产成本也会提高,从而在国际市场上竞争力就会降低,企业利润就会下降。值得强调的是,上游的金融、电力和通信等生产性服务的可贸易性较低,所以国内下游企业对这类中间服务的需求主要由来自国内上游企业的供给来满足。因此,虽然随着贸易自由化的进程,中国进口中间品关税大幅下降,使得国内提供中间品的厂商面临国际竞争，不得不降低价格，然而这对于不可贸易部门的定价的影响却十分有限。当上游部门继续享受垄断租金，从而使得下游部门的生产成本位于高位，所生产产品的价格随之居高不下，进而抑制下游产品的国际竞争力。

如果上游产业提供的中间品的价格越低，那么潜在的能够进入下游市场的企业数目就会越多，从而下游市场竞争就越激烈，所以下游企业的平均生产率也就越高。反之，如果中间品价格较高，那么能够进入最终品市场的企业数量就较少，所以就不利于鼓励民营企业相互竞争，积极研发创新，提高产品质量。研究表明，如果上游部门垄断程度降低，引入更多竞争，上游中间品价格将下降，下游生产成本下降，下游市场进入门槛降低，最终品市场竞争将会加剧，最终品价格将会下降。当上游市场垄断程度较高，上游产品价格自然居高难下，抑制下游市场企业进入和促进下游市场竞争。如果要提高下游企业生产率，消除上游垄断，促进上游市场竞争势在必行。

（二）国企改革促进“僵尸企业”退出市场以提高“去产能”效率

2015 年，李克强总理在国务院常务会议上强调，要对持续亏损三年以上且不符合结构调整方向的企业采取资产重组、产权转让、关闭破产等方式予以“出清”。僵尸企业的大量存在极大阻碍了经济的发展，有关研究发现，根据 Caballero，Hoshi 和 Kashyap 等人 2008 的研究（以下简称 CHK），日本银行将资金持续借给那些无力偿还债务的企业，在很大程度上造成了上世纪 90 年代日本宏观经济的停滞。因此，对僵尸企业的研究在当前中国的经济发展状况下显得尤为重要。本文从企业在产业价值链中的位置作为出发点，描述僵尸企业的分布、成因和影响。

根据维基百科，僵尸企业是指虽然可以产生现金流，但是扣除运营成本和固定成本之后,最多只能支付贷款利息,而无力偿还贷款本金的负债企业。这意味着这些企业是没有自生能力的企业,仅仅依靠政府补贴和银行贷款勉强维持生存。学术界公认的僵尸企业识别方法是 FN-CHK 方法。其中 CHK 方法认为,如果一个企业为自己的债务所支付的利息非常低,甚至低于采用市场最低利率所要支付的利息,那么这个企业与银行之间的借贷关系就是非正常的,这个企业极有可能是依靠银行贷款才能生存的"僵尸企业"。Fukuda 和 Nakamura(2011)改进了 CHK 方法,引入了"盈利标准"和"持续信贷标准",能够更为准确地识别僵尸企业的数目。

利用 CHK 方法,我们将央行基准利率的 90%定义为最惠利率,并利用我国 2013 年工业企业数据库,测算了处于价值链不同位置的产业在 2013 年僵尸企业的比例。结果显示,上游产业中僵尸企业的比例最高,为 9.1%,中游产业中僵尸企业的比例为 7.53%,下游产业中僵尸比例最小,占 6.55%。僵尸企业最多的产业分别是水的生产和供应业(25.99%),电力、热力的生产和

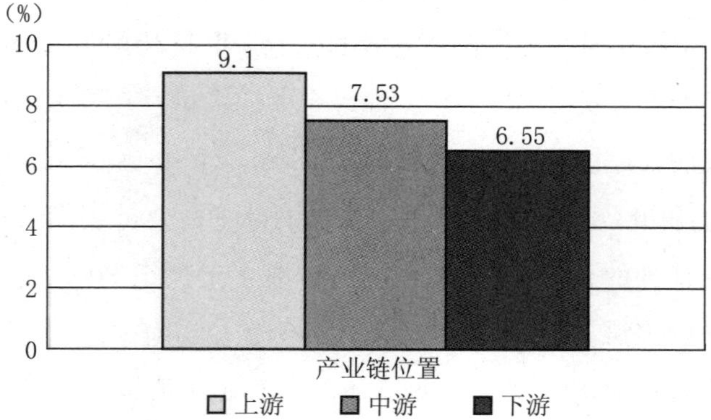

图 5.7　2013 年产业链不同位置中僵尸企业占比情况

资料来源:中国工业企业数据库,李系、刘学文、王勇(2014)。

供应业(19.14%)和石油加工、炼焦及核燃料加工业(14.46%),这些产业均处于整个产业链的中上游。而僵尸企业最少的产业基本处于产业链的中下游,如木材加工及水、竹、藤、棕、草制品业(3.37%),农副食品加工业(4.92%)等。此外,我们的研究还发现国有企业中僵尸企业的比重远超过民营企业和外资企业。

利用国企与民企的“垂直结构”可以很好地解释僵尸企业在国有部门和上游部门中占比较高的现象。在2008年金融危机之后,由于来自国外的需求下降,导致处于产业链下游的私营企业利润下降。由于国有部门多分布在上游,民营部门多分布在下游,国有部门借助于垄断力量向下游部门征收垄断价格获取超额利润。由于垄断价格的原因,当受到金融危机的冲击时,面对同样一单位的需求量的下降,上游产业所对应的营销收入的下降幅度会比下游的更大,因此上游部门的利润也随之大幅下降。

当利润不足以支付工人的工资和资本的租金时,市场化的企业会选择倒闭。但是在企业退出行为上,处于上游的国有企业和处于下游的民营企业有着完全不同的机制。当净利润为负时,民营企业会选择解雇工人,变卖机器设备和厂房及时止损。但是国有企业除了盈利的市场化目标以外,还具有其他的政策性负担,比如把控关系国计民生的重要产业的命脉,维持当地就业规模等,这使得国有企业即使在利润为负的情况下也有可能继续留在产业中。为了维持企业的正常经营,负利润的上游企业必须依赖于银行的贷款和政府的补贴。由于隐形担保、刚性兑付等原因,国有银行也愿意借贷给国有企业,这就形成了上游国企僵尸企业比例高的状况。

由于国有企业和民营企业之间特有的上下游产业结构分布的“垂直结构”,使得国有企业在经济体面临负向冲击时受到的影响更大,同时由于国有企业的政策性负担,政府通过国有银行对其实施补贴,或者通过增发货币的方式使得这些本应该解雇工人、减少市场份额的僵尸企业得以生存下来,这不但恶化了资源配置的效率,而且也给政府与社会带来了巨大的财政负担。特别是在中国经历了刘易斯拐点之后,劳动力成本急剧上升,这会进一步加重对经济的负向冲击,使得僵尸企业的问题更为严重。

只有去除上游国企垄断地位,并且消除国有企业的政策性负担,才能从根本上解决僵尸企业的问题。除了少数真正直接关系国防安全的战略性重要产业以外,应该力图降低对其他上游产业的进入壁垒,消除行政垄断,允许民营企业的进入,将国有企业的政策性负担剥离以后将其放到完全竞争的市场环境中与民营企业一起接受市场的优胜劣汰,才能从根本上解决僵尸企业的问题。当然,还应该同时辅以银行部门的配合,通过对不良贷款的价值进行重估实现银行贷款显性化,阻止银行对负盈利国企的借贷行为。

(三) 国企改革有利于提高要素市场配置效率

在产品市场上国企与民企是上下游价值链关系。但是,在生产要素市场上,国企与民企依然是互相竞争的关系,因为无论劳动力还是资本都是有限的稀缺资源。这部分主要从要素市场的角度,来研究国有企业与非国有企业各自在出口前后的要素密集度的变化,并以此分析要素市场配置效率问题。

出口一直是我国经济增长的重要动力,而国有企业对我国出口的贡献正在迅速衰减。图 5.8 给出了 1994—2015 年不同所有制企业在我国出口中所占的比例。其中,国有企业对出口的贡献由 1994 年的 70%下降到了 2015 年的 11%;外资企业对我国出口的贡献则由1994年的不足30%提高到了2015年的接近45%;民营企业对出口的贡献则由1994年的不足1%提高到了2015年的接近45%,并且还在快速增长。毫无疑问,我国出口迅速增长的原动力是外资和民营出口企业的高速增长。我们不禁要问,国有企业在拥有融资便利、税收优惠、补贴等诸多优势的情况下为什么出口越来越差?在本节中我们用企业层面的数据来比较出口企业与非出口企业资本密集度的差别,结合国有企业和非国有企业的垂直产业结构来回答这一问题。

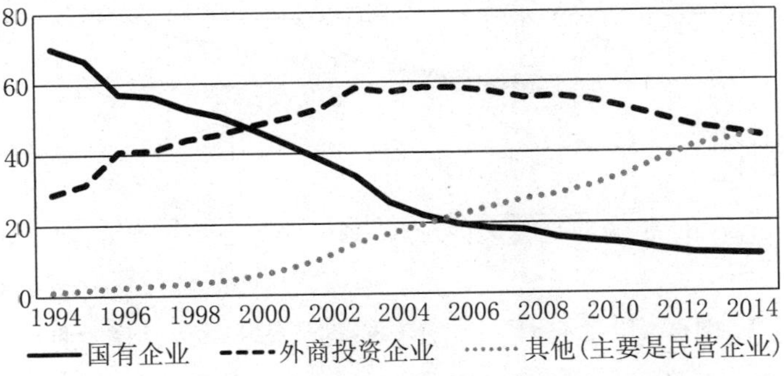

图5.8 不同所有制企业出口占总出口比例(1994—2015)

资料来源:历年商务部综合司《中国对外贸易发展情况》。

上世纪90年代的国有企业改革使得国有企业慢慢向上游产业靠拢,从而给下游产业留下了广阔的市场空间。再加上中国廉价的劳动力优势,这一改革窗口很快被外资和民营企业利用起来。在下游的劳动密集型产业中,外资企业建立大量的加工贸易企业,而加工贸易企业出口曾一度占到我国出口总额的近50%。随着国有企业不断退出下游产业,其出口份额急剧下滑,民营企业迅速崛起填补了这一市场空缺。90年代中后期开始的国有企业改革之后的十多年间,外资和民营企业在下游产业中把中国推向了"世界工厂"的地位。而国有企业不断向上游靠拢,其资本密集度也不断提高,使其失去了比较优势,出口份额急剧下跌。图 5.9、5.10 和 5.11 中我们比较了制造业企业中不同所有制出口企业与对应非出口企业的资本密集度。其中,外资和民营出口企业呈现出相同的特征,出口企业的资本密集度显著低于非出口企业,而国有企业则呈现出相反的特征,出口企业的资本密集度大大高于非出口企业。

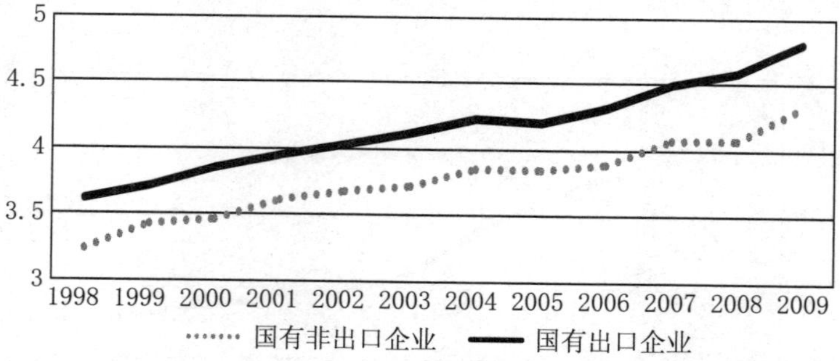

图 5.9 国有出口与非出口企业资本密集度(对数)比较(1998—2009 年)

资料来源:中国工业企业数据库(1998—2009 年)。

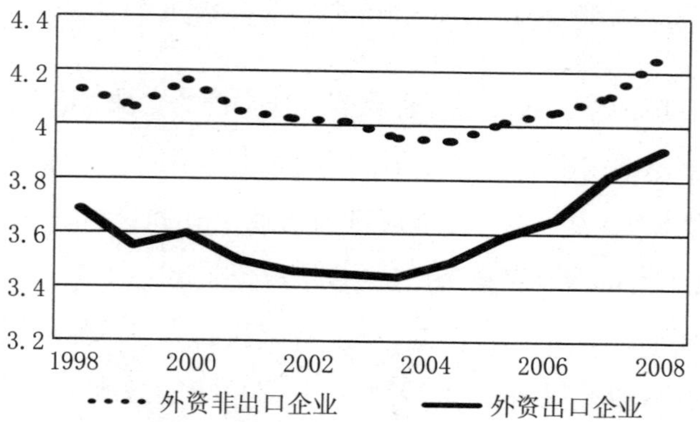

图 5.10 外资出口与非出口企业资本密集度对数(1998—2009 年)

资料来源:中国工业企业数据库(1998—2009 年)。

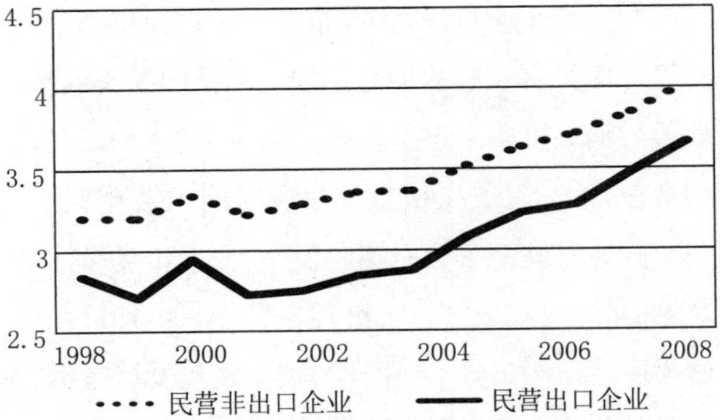

图5.11 民营出口与非出口企业资本密集度对数(1998—2009年)

资料来源:中国工业企业数据库(1998—2009年)。

利用工业企业数据库数据进行的实证检验结果表明,在控制了生产率、企业规模、平均工资、企业年龄等因素的情况下,国有出口企业在出口前一年资本密集度比国有非出口企业平均高10%,这一结论在加入WTO前后以及排除掉加工贸易企业之后都是显著的。进一步分析发现,国有出口企业在出口后资本密集度又显著低于非出口企业,这意味着国有企业出口后调整了其出口的资本密集度。这一结果也印证了比较优势理论。中国作为一个农业大国,在人均资源和人均资本存量很低的情况下,大量廉价的劳动力是中国最大的优势。而国有企业出口资本密集型产品是违背比较优势的,在与国外企业的竞争中不得不调整产品结构,降低资本密集度,其带来的是企业发展速度的减缓和资源浪费。

国有企业的资本密集度越来越高,其根本原因是我国要素市场的扭曲和国企民企垂直产业结构的形成。首先,国有企业改革后,大量国有企业退出下游产业,这造成了留下来的国有企业大都集中在上游资本密集型产业中,使得国有企业整体资本密集度提高;其次,与民营企业相比,国有企业在土地使用、融资成本、税收和补贴等方面具有天然的优势。加上巨额的垄断利润,国有企业不断地通过购买资本来进行扩张。由于上世纪90年代国企改革红利的存在,这一现象在相当长一段时间内被掩盖了,中国出口也迎来了高速发展的黄金时期。但是,要素市场扭曲的后果也是显而易见的,通过比较图5.9和图5.11,国有、外资和民营企业的资本密集度可以看出,民营企业的资本密集度严重低于国有企业。这说明民营企业依然集中在劳动密集型产业中,在要素市场扭曲的情况下,其资本积累相对困难,产业升级速度受到了影响。随着我国劳动力成本比较优势的消失,劳动密集型产业对出口的拉动正在放缓。数据显示,出口增速由2007年的16%下降到了2015年的-2%,出口占GDP的比重也由2007年的37%下降到了2015年的21%。在要素市场扭曲和国有企业攫取巨额垄断利润的情况下,民营企业产业升级成功率会下降,出口企业倒闭潮可能会加速到来。

总的来说,国有企业出口资本密集型产品是违反比较优势的,体现了要素市场的扭曲和巨额垄断利润的存在。粗放式的资本积累使得国有企业忽视了中国所处的发展阶段,造成了资源误配,也不利于国有企业从根本上提高竞争力。这一现象的直接后果是一方面国有企业"走出去"的表现越来越差,市场份额不断萎缩,另一方面则造成民营企业资本积累困难,产业升级缓慢从而继续大量聚集在低利润的下游产业。因此,改革的主要方向是:第一,消除要素市场扭曲,减少给予国有企业的税收减免、政策倾斜、财政补贴等一系列的优惠措施,用市场机制实现优胜劣汰,促使国有出口企业提高效率,出口符合中国比较优势的商品,从而达到资源的最优配置;第二,降低上游产业市场准入门槛,让民营企业充分参与竞争,一方面可以降低国有企业的垄断力量,降低中间品价格,另一反面,良好的竞争环境可以进一步淘汰低效的企业,从根本上提高企业竞争力。当然,我们必须强调,改革的目的是让市场机制发挥作用,淘汰低效的企业,是市场化改革而非所有制改革。

五、进一步推进国企改革的政策建议

为使国有企业摆脱困境,以及为民营企业创造更加广阔的发展空间,促进整体宏观经济的健康发展,有必要对国有企业进行结构性改革,以顺应经济环境的变化。我们建议如下:

第一,要认清当前国企改革与 90 年代国企改革的关键性特征差异。上世纪 90 年代中后期的国企改革主要是发生在下游产业内的国退民进,国企与民企在同一产业内进行水平结构下的竞争,民企生产率提高会降低国企的利润率。但是当前的国企改革,面对的情况则是国企与民企存在于不同的产业中,是垂直结构,下游民企生产率的提高反而会增加上游国企的利润率。而且,我们必须跳出企业微观绩效的层次,跳出单个产业本身,需要从更加宏观的角度认清国企与民企在不同产业中的分布特性,不同产业的市场结构特性,以及不同产业之间的价值链关系,需要从经济结构的视角来认识到国企改革对于整体经济的必要性和重要性。相关改革必须充分考虑到跨部门之间的一般均衡效应。

第二,国企改革应循因施策,分部门具体分析,避免“一刀切”。尽管对于某些上游产业应该尽快消除国企的行政垄断,但是也必须避免“一刀切”形式的放开。在少数涉及国防安全、航空航天等部门,本身就不应该作为纯盈利性的机构或产业来对待,而且我国当前高等教育科研机构都以国有事业单位为主,在此制度环境下,在国防安全、航空航天产业这些部门仍旧维持一定数量的国企存在还是非常必要的。在研发周期长、投资大和风险大的核心技术研发上,国有企业要充分发挥其在人才储备、技术积累和成本压力较小的比较优势,更多地主导和参与技术研发,更好地服务国家与社会的发展需要。还有一些提供公共基础设施等公共产品与公共服务的部门,因为要克服外部性,也需要一定的政府补贴与干预。

第三,要把控好国企改革的速度与次序。国企改革与金融体系改革、土地与住房体制改革、汇率改革、劳动力市场改革、政治体制改革、法治建设、养老体制、失业保障体制、医疗体制、教育体制改革等等是互相联系的整体。即使明确了国有企业改革的方向,也要注意与其他配套改革的次序。比如,养老体制和失业保障体制等的尽快完善将更加有利于国企改革所带来的人员下岗问题的解决。同时,也要把控适当的改革速度,一方面要防止过于盲目急躁的休克疗法,而是需要有序渐进地进行,避免对社会造成的冲击过大,但是另一方面,也必须稳中求进,防止改革空转。从当前的实际情形来分析,我们认为我国国企改革已经被一再拖延,需要适当加速。

第四,引入竞争机制,降低上游产业进入壁垒,打破国企行政垄断。对于不涉及国防安全的上游部门,打破其行政垄断,允许民营企业的市场准入,这要比直接将这些部门中的国企私有化更加重要。在垂直结构下,国有企业整体处于上游产业中,且由于其拥有的行政垄断地位而获利。由于是行政垄断,民营企业就无法进入这些由国有企业主导的上游领域,因此使得上游这些产业缺乏有效的竞争刺激，从而导致上游国有企业通过技术创新提高利润率的意愿不足。在垂直结构中的上游垄断性产业中适当引入竞争机制，允许部分实力雄厚且责任意识强的非国有企业进入钢铁、煤炭、电力等若干垄断领域，同时允许部分非战略性国有企业按照市场规律扩大规模或倒闭，按照市场价格雇用职业经理人，有利于提高国有企业的危机意识，增强上游产业的整体效率。从长期看，降低上游的进入壁垒并且引入竞争机制不仅有利于上游国有企业本身的发展，同时也将放松对下游民营企业的发展的遏制性约束，促进整体经济的发展。

第五，顺应市场需求环境变化，适度调整上游国有企业的产能结构以提高国有企业整体效率。国有企业在市场经济中也具有一定的自发性、盲目性和滞后性。因此，需要顺应市场经济环境的变化尤其是需求环境的变化对国有企业的产能结构进行适度调整，以提高上游国有企业的整体效率。调整产能的主要方法是在宏观把握的前提下进行分类改革。首先要把国有企业或国有企业内部不同的生产部门按照是否存在过剩产能进行分类，对于不存在过剩产能，且依然具有自然垄断或行政垄断性质的高利润国有企业或企业部门，应鼓励其通过技术研发、管理革新、开拓海外市场等手段进一步降低成本，增加产品销售量，继续维持较高利润；而对于存在过剩产能的低利润国有企业，在销售端应考虑通过开拓海外市场等手段消化过剩产能，在生产端则应该采取裁汰落后产能、勒令整改，甚至合并重组或停业整顿等手段为国有企业瘦身。调整上游国有企业产能结构的目标，应该使得全部国有企业作为一个整体，在生产效率和利润上有所提高，同时在当前的垂直结构下形成一个与整体国民经济环境相协调的产能结构。

第六,逐渐剥离国有企业的政策性负担。国有企业的政策性负担主要包括战略性政策负担与社会性政策负担。战略性负担是为服从国家战略发展大局而对我国不具有比较优势的产业进行投资或补贴而形成的负担,社会性负担则是由于国有企业承担了冗员、职工养老等社会性职能而形成的负担。要剥离社会性政策负担,一是需要在经济好转时裁汰冗员,选择适当的时机为企业瘦身,二是将子女教育、职工养老等社会性职能从国有企业自身的职能中剥离出去,归入全国统一的教育体系或社会保障体系之中。承担战略性政策负担的国有企业,主要生产国防产品与基础设施等公共产品,一般生产投资周期时间长且利润较低,无法通过自由市场来提供。因此要剥离战略性政策负担,则应通过一个长期的发展规划来实现,但在短期内仍应将这些国有企业作为“幼稚产业”,继续通过国家补贴或支持的形式逐渐培养企业的生产能力,提高技术水平和劳动生产率,降低企业生产成本,以避免国际竞争。在垂直结构下,剥离国有企业的政策性负担,可以有效提高国有企业的市场竞争力,同时增大了其向下游民营企业让渡利润的空间。总体而言,应尽量减轻国有企业的社会性政策负担,特别是减员增效以及剥离职工的养老和职工子女教育负担,让国有企业尽快摆脱历史包袱,轻装上阵,稳步提高国有企业的盈利能力。另外,可以考虑逐步加大国有企业上缴的利税对全民养老保险的投入,以使全民共享国企改革发展的成果。

六、结语

本文基于我国的改革开放以来国有企业与民营企业的经济

绩效在不同时期所表现出来的不同特征，从上、下游产业链的角度，提出“垂直结构”理论，解释我国为何国企和民企的相对利润率呈现一波三折的态势，并且分析在这个过程中国企与民企之间的互动关系。我们认为，上世纪 90 年代的国企改革使得国有企业逐渐从不具备竞争优势的酒店、餐饮等消费性服务业与消费品制造业等下游产业中退出，民营企业不断进入，所以国企在下游产业的开放过程中利润率普遍低于民企。到 2001 年中国加入世界贸易组织以后，下游产业基本已经由民营企业主导，但是国企仍旧在能源、金融、电信等生产中间产品和服务的上游产业中占据垄断地位，从而形成了上游部门的垄断型国有企业向市场化程度较高的下游部门的民营企业出售不可贸易的中间品的“垂直结构”。2001—2007 年期间，下游民营企业迅速在工业化与贸易全球化过程中发展壮大，在推动整体经济增长的同时也大大促进了对上游国企垄断产品与中间服务的需求，所以这种垂直结构使得上游国企的利润率反而超过下游民企。2008 年国际金融危机以后，外需相对下降，下游部门的出口受到很大抑制，导致下游部门对于上游产业的引致需求也随之下降，进而引起国企的利润下降幅度更大，与此同时大规模出现僵尸企业。而且面对负面冲击，由于国企的生产计划调整速度不如民营企业灵活，所以导致上游产业中僵尸企业的比重高于下游产业中僵尸企业的比重。

基于上述“垂直结构”的逻辑，我们认为，如果不尽快对上游国企进行改革，那么随着劳动力成本、土地成本的不断提高，人民币的升值，下游民营企业的成本优势将不断丧失，它们被迫承担的支付给上游金融、能源等中间服务与中间产品的成本将会成为压垮下游民营企业总体绩效的“最后一根稻草”，进而损害上游国企本身的盈利能力,拖垮整体经济的增长。因此,本文建议,国企改革刻不容缓并且应该循因施策,认清当前国企改革与上世纪90年代国企改革的关键差异,把控好国企改革的速度和次序;应引入竞争机制,降低上游产业进入壁垒,打破国企行政垄断;适应市场环境调整上游国有企业的产能结构并且需要逐渐剥离国有企业的政策性负担。

参考文献

Antras, P., D.Chor, T.Fally and R.Hillberry, 2012, "Measuring the Upstreamness of Production and Trade Flows", *American Economic Review P&P*, 102:412—416.

Caballero, R.J., T.Hoshi, and A.K.Kashyap, 2008, "Zombie Lending and Depressed Restructuring in Japan", *American Economic Review*, Vol. 98, No.5:1943—1977.

Fukuda, S., and J. Nakamura, 2011, "Why Did 'Zombie' Firms Recover in Japan", *World Economy*, Vol.34, No.7:1124—1137.

Li, X., X. Liu and Y. Wang, 2016, "A Model of China's State Capitalism", HKUST working paper.

杜巨澜、王勇:《如何进一步改革中国国有企业》,载张军主编:《中国经济未尽的改革》第一章,东方出版社2015年版。

李系、刘学文、王勇:《一个中国经济发展的模型》,载《经济学报》(清华大学)2014年第4期。

林毅夫、蔡昉、李周:《充分信息与国有企业改革》,格致出版社、上海人民出版社2014年版。

林毅夫:《解读中国经济》(增订版),北京大学出版社2012年版。

王勇:《论改革以来国有企业的沉浮逻辑和结构位置》,凤凰网2015年9月,被收入财新传媒《中国2016》。

王勇:《新结构经济学思与辩》,北京大学出版社2017年版。

附表：全部产业的上下游分类表

产业		上游指数
	上游产业	
7	石油天然气开采	5.83
8	黑色金属矿的开采与加工	5.60
41—45	电力、热力、燃气的生产和销售	5.22
43	废物回收处理	5.16
25	石油加工，炼焦，核燃料加工	4.91
26/29	化工原料及化工产品制造	4.71
33	化工原料及化工产品制造	4.58
22/23/24	纸和纸的生产/印刷和记录/制造的文章，文化/教育和体育活动媒体	4.42
10	非金属矿的开采与加工	4.23
34	金属制品制造	4.11
	中游产业	
46	自来水生产与销售	3.71
51—55	铁路运输/道路运输/城市公共交通/水	3.63
57—58	交通/运输/装卸、拆除、与其他交通的	
68—71	交通/运输/装卸、拆除、与其他交通的	3.62
73	租赁	3.60
59	邮政业务；邮政服务	3.44
20—21	木材加工，木材，竹，藤，棕榈草编制品/家具制造业	3.43
39	机电设备制造	3.35
1	农业	3.17
35—36	通用机械制造/特种制造	3.09
41	测量仪器及铜的目的/制造机械	
31	非金属矿产品的制造	3.30
	下游产业	
63—65	批发贸易/零售业	2.94
37	交通运输设备	2.75
66—67	住宿、餐饮	2.67
42	艺术品及其他制造业的制造	2.66

续 表

产	业	上游指数
	下游产业	
60—62	电信及其他资讯传送服务/电脑服务	2.62
82—83	居民服务/其他服务	2.58
13—15	农产品加工/食品制造/饮料制造业	2.57
18—19	纺织品,服装,鞋类,帽子/皮革制造	2.48
92	娱乐	2.48
72	房地产	1.76
47—50	装饰/其他施工建筑和土木工程师	1.06

说明:本表利用中国投入产出表数据,根据 Antras 等(2012)的方法计算出各个产业的上游指数(如果指数越高则表示越上游),然后根据上游指数的高低将行业划分为上游,中游和下游行业。

资料来源:李系、刘学文与王勇(2014)。

第二篇
国企去杠杆与加强资本市场约束机制

第 6 章
弱化 GDP 增速目标 切实推进国有部门去杠杆*

钟宁桦　解　咪

2008 年金融危机以来，我国经济增速不断降低至 2016 年的 6.7%。在 2017 年全国“两会”中，政府工作报告将今年经济增长的预期目标定为 6.5%左右。国内外对此有很多讨论，其中不乏一些忧虑。而笔者认为，GDP 增速的下降并不是一个严重的问题，因为这主要是由基数变大导致的。比如，2008 年我国的 GDP 是 31.7 万亿元；而到 2014 年，GDP 为 63.6 万亿元，即 2014 年比 2008 年整整翻了一倍。这就意味着，在 2008 年 GDP 的基础上增长 10%，和在 2014 年 GDP 的基础上增长 5%，从绝对量上来说是一样的。

笔者计算了 2007—2016 年各年 GDP 增长的绝对量，即用某一年的 GDP 减去上一年的 GDP。发现，除了 2009 年之外，都在

---

* 本文首次发表于《财新》(《中国改革》政经评论双月刊)2017 年第 3 期，第 52—55 页；原标题为“该谁去杠杆”。

4 万亿元以上。GDP 增长的绝对量并没有显著下降,只是因为基数变大了,所以增速下降了。根据国家统计局今年初公布的数据,2016 年我国的 GDP 已经达到了 74.4 万亿元。随着分母越来越大,增速下降是很正常的。从这个意义上来说,“中国经济增长放缓,下行压力增大”这个提法可能本身是有些误导的。我们认为没有必要对此表示忧虑,更没有必要用一些短期刺激的方式来保持 GDP 的增速。此外,大家关心 GDP,一个主要的原因是就业。而与就业真正相关的是 GDP 的增长量,而非增速。每年 GDP 的增长量比较稳定,那么新增的就业量也是稳定的。

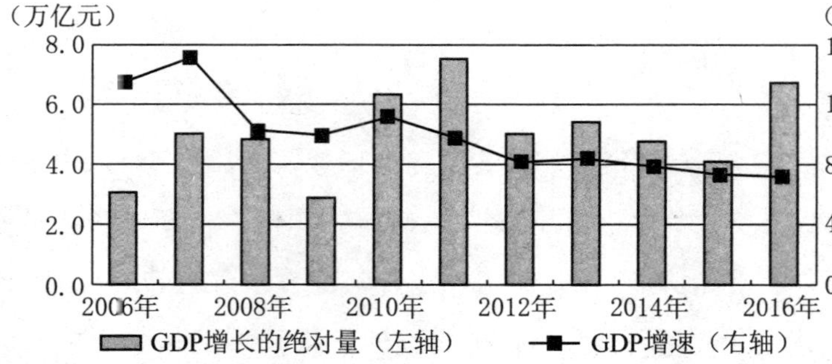

图 6.1　2006—2016 年 GDP 增长

资料来源:国家统计局。

一、保增长致使国企杠杆不断上升

笔者强调要弱化 GDP 增速目标,是因为在经济增速下降时,一些地方政府为了“保增长”,往往又会回到以投资来强刺激的老路上,并且伴随着大量金融资源的消耗。

2015 年年底召开的中央经济工作会议提出了供给侧结构性改革,其中,去杠杆是核心任务。然而,根据财政部公布的数据:

至 2016 年年底，国有部门的负债总额为 87 万亿元，与 2015 年底相比，增长 10%。其中，中央国企负债总额 47.6 万亿元，同比增长 8.2%；地方国企负债总额 39.4 万亿元，同比增长 12.1%。即在 2016 年，国有部门的负债仍然以两位数的速度增长，尤其是地方国企。这可能还是和“保增长”的目标有关。去年民间投资显著下降，一些地方政府便要求地方国企加大投资。根据统计局的数据，2015 年下半年，国企固定资产投资的增速基本在 12%以内；而从 2016 年初以来，投资增速突然上升至 20%以上。然而，作为保增长目标的“短期手段”“老办法”，这些投资的质量又如何？其中包含了多少盲目、重复和低效的投资？

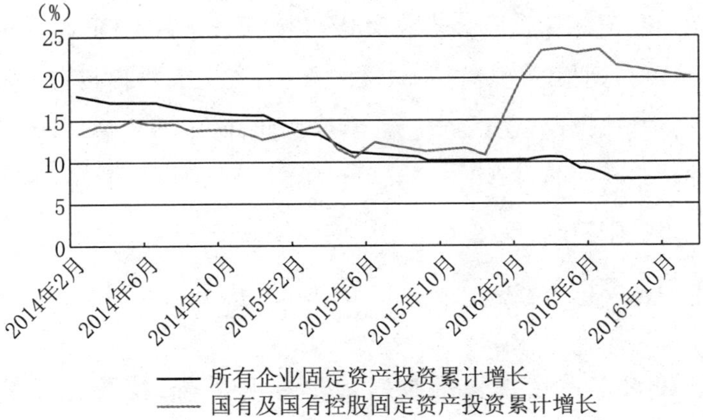

图 6.2　企业固定资产投资增长

资料来源：国家统计局。

笔者认为，当下我们或许需要反思一下：近期“产能过剩、库存过剩、杠杆率不断攀升”的困难局面是怎么形成的？笔者愚见，目前的困境很大程度上和 2008 年之后为了保持经济增速而实施的强刺激经济政策是相关的。2008 年金融危机后，美国、欧洲等发达国家对中国的需求突然下降。我国在几年内少了数万亿元的出口订单。在外部需求突然下降的情况下，企业市场化的应对方式应该是主动地削减产能和去库存。然而，在经济刺激计划出台之后，一些大型国有企业纷纷上马大的建设项目，扩张产能。建造新的厂房和生产线，确实马上拉动了内需，其表现为2010年GDP增速和工业生产者出厂价格指数(PPI)的双重上升。然而，一旦当新的生产线建成、开始生产了，原有的产能过剩就更加严重了，以钢铁、水泥为代表的一部分工业产品更是出现了全球性的供过于求。这突出表现为，从2012年2月开始，PPI出现了连续54个月的负增长。同时，虽然在2010年初，GDP增速被一轮大规模投资迅速拉升至超过10%，然而并没有维系多久就马上开始下跌，至2012年初就跌到8%以内(若考察GDP增长的绝对量，可得到相同的结论)。2009、2010年的大规模投资并没有能够持续地拉动GDP的增长；不仅如此，由于严重的产能过剩，前期扩张产能的企业只能被迫去产能。2008年后，我国花了很多钱来扩张产能，现在又要花很多钱来去产能。在整个过程中，大量的金融资源被浪费了。

二、2008年后金融资源配置效率显著下降、提高效率刻不容缓

2008年金融危机以后，我国经济中出现的一个重要的现象，就是金融资源的配置效率显著下降，这点需要引起高度的关注。根据国际货币基金组织(IMF)2015年一份报告的估计，在2008年危机前，我国一块钱的新增贷款能创造一块钱的GDP；而2008年之后，这一所谓“信贷密集度”显著上升，近期达到了3元以上。

而与此同时，2008 年之后，我国广义货币供应量 M2 激增，从 2008 年的 47 万亿元骤升至 2016 年的 155 万亿元，即 M2 在 8 年间增加了 100 多万亿元。目前，我国 M2 已经超过 20 万亿美元，在绝对值上超过了美国、欧盟等世界上最大的经济体，M2 与 GDP 的比值也达到 200%以上。

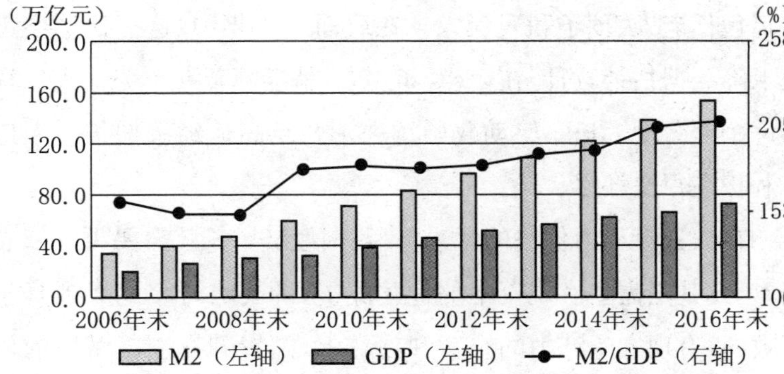

图 6.3　2006—2016 年 M2 及其占 GDP 比例的变化

资料来源：国家统计局。

这几组数字说明：虽然金融资源总量在骤增，但配置效率在显著恶化。也就是说，大量的钱被配置到了低效的地方，甚至被浪费掉了。导致大量浪费的一个重要原因，就是为了保增长而实施的强刺激政策。在强刺激的背景下，大量投资项目迅速上马，而这些投资往往是盲目的、低效的、没有市场需求作为支持的。因此拉动 GDP 的作用，即便有，也是短暂的、不可持续的。作一个不那么恰当的比喻，这就像你花钱请一个人把一堆砖头从这间屋子搬到那间屋子，GDP 就上升了；你再花钱请人把同样的这堆砖头从那间屋子搬回到这间屋子，GDP 又上升了。但这种 GDP 的上升是没有质量的，是浪费金融资源的。这类 GDP 的上升，是我们应该要避免的。

提高金融资源的配置效率,对于我国经济未来的发展而言是至关重要的。从2010年以来,我国的劳动力的增长速度放缓。并且,由于我国从上世纪80年代开始实施的计划生育政策,在之后的一二十年中,我国社会将迅速地老龄化。在2010年左右,我国的人口结构大概是两个劳动人口抚养一个非劳动人口;非劳动人口包括老人、孩子和残疾人。在后面几十年中,这一比例会迅速下降。据估计,可能在2040年左右,就会降至一个劳动人口抚养一个非劳动人口。驱动我国过去十几年高速经济增长的人口红利正在很快耗尽。

在失去劳动力优势的背景下,我国经济增长就需要更多依靠资本,尤其是需要实现资本的优化配置,即要将资金配置到真正高效的、有现实生产力的企业和项目上,配置到有创新潜质的早期项目中,以支持它们的发展。能否做到这点,将直接事关我国未来中长期的经济增长的潜力。

三、提升金融配置效率　首推国企去杠杆

2008年后,伴随着我国金融资源配置效率的恶化,是我国整体负债率的高企。截至2015年底,我国债务总额达到了168万亿元,债务总量与GDP的比值达到249%;而2008年这一比例还不到160%。我国整体杠杆率的上升主要是由非金融企业导致的。

笔者去年发表了一系列的文章,专门剖析我国企业债务的结构性问题。我们发现,我国的企业债务是“惊人”地集中的。比如,在2013年,我国总共约有34.5万家企业规模以上工业企业,

所有企业的负债总额为 49.1 万亿元，其中负债最多的 500 个企业的总负债为 13.5 万亿元，占到 34.5 万家企业负债总额的 1/4；负债最多的 2 000 个企业的总负债为 23.5 万亿元，占到了总额的近一半。进一步地，根据我们的计算，2015 年，我国上市公司中负债最多的 50 个企业的总负债就高达 11 万亿元，占当年所有上市公司负债总额的 54%，平均每家企业负债超过 2 000 亿元。而负债最多的 300 个企业的总负债达到 16 万亿元，占到所有上市公司负债总额的 82%，平均每家企业负债超过 500 亿元。而从 2008 年以来，这 50 家企业每年新增贷款总额逾 1 万亿元，平均每家每年新增 200 亿元。也就是说，我国负债率的上升主要集中在几千家企业上，其中大部分是大型国有上市公司。

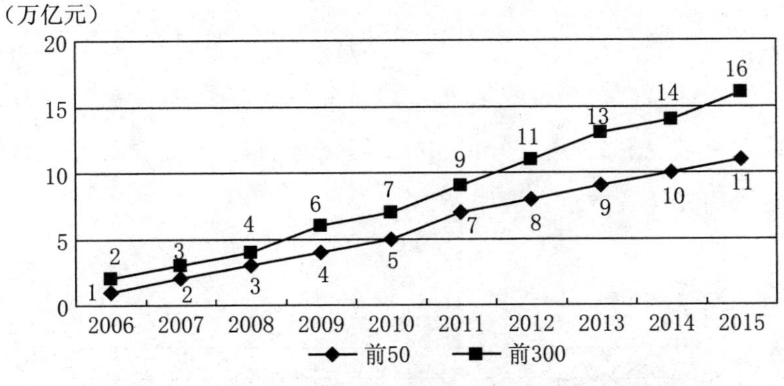

图 6.4　上市公司负债最多前 50 和前 300 家企业的债务

资料来源：中国上市公司数据库。

国有部门作为一个整体，在 2008 年之后不断加杠杆，其整体的负债率从 56%上升到 62%。但是，我们的分析显示，国企杠杆率的上升并不符合它们的企业特征和经营性需求，是缺乏经济基本面支持的。换而言之，这些企业借的钱太多了。不过，借钱多未必是好事，因为需要支付利息。根据我们的计算，2015 年，大概有超过 160 家我国上市国有企业，其息税前利润不足以支付利息——说明这些企业的负债太高了，最终带来沉重的利息负担。更麻烦的是，这些企业只能靠借越来越多的钱来还本付息，债务的“雪球”越滚越大。我们发现，这 160 家企业的负债总额从 2010 年的 0.98 万亿元升至 2015 年的 1.68 万亿元，即它们在 6 年里又多借了 7 000 亿元的债务。

而与此同时，私营部门却在加速地去杠杆，私营工业企业的整体平均负债率从 2004 年的 62%降到 2015 年的 52%。换而言之，私营部门已经“去杠杆”十多年了！到近期，私营工业企业所贡献的产值和利润占到所有工业企业的总额的近四成，而这些企业的负债只占所有工业企业的负债总额的两成。也即，私营部门使用的金融资源远远低于其经济贡献。因此，要提高资金的配置效率，我们首要做的，就是纠正 2008 年以来国有和私营部门在融资上所呈现出的“两极分化”的趋势，并使得各个部门得到的金融支持和其经济贡献大抵相当。

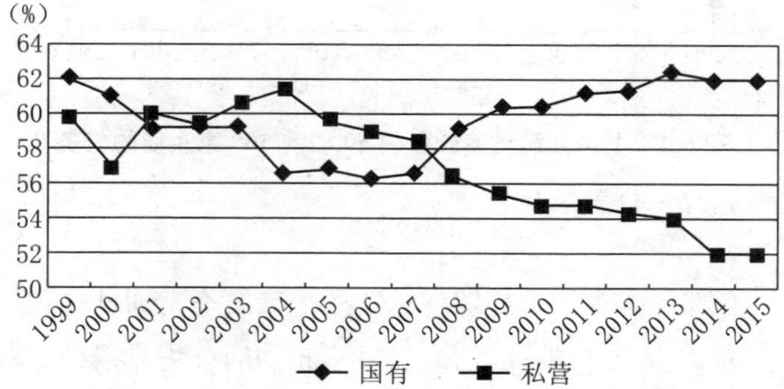

图 6.5　国有与私营工业企业负债率

资料来源：中国工业统计年鉴。

也因此，当下我们说去杠杆，并不是对于大部分企业说的，而是对于少数几千家企业说的。去杠杆的“主战场”在国有部门，尤其是低效的、严重产能过剩的大型国有企业。“僵尸企业”占据越来越多的资金，其结果是挤占了健康企业所能获得的金融资源。大量资金借给这类企业用来还本付息、而没有用于真正高效的投资项目，会导致“金融不支持实体”的现象越来越严重。所以，对于低效的企业，要尽快“去杠杆”，释放这部分信贷资源，并配置到真正有效的企业上去。

然而，我们发现，部分僵尸企业“僵而不死”，在保增长的任务下，其债务不降反升。这类企业占用的金融资源越来越多，积累的风险越来越大，对局部金融体系的潜在冲击也越来越大。从去年开始，个别企业的债务问题以一种“爆发式”的方式呈现了出来。尤其是渤海钢铁，存在不过 6 年，曾经跻身世界 500 强，但负债却骤然升至 1 920 亿元，债务涉及 100 多家银行和其他金融机构。所以，当下亟需用市场化的方式来处置僵尸企业的债务问题。若以“保增长”为名，让这些企业继续加杠杆、做投资，日后的问题只会越来越大，最终严重影响部分金融机构和局部金融市场。

四、政企分开　权责明确

从上世纪 80 年代开始，我国经济就有“治乱循环”的怪象，即“一放就乱、一乱就管、一管就死、一死就放”。导致这一现象的根源在于政企不分。1993 年，党的十四届三中全会提出“建立现代企业制度”的目标，明确表示要实现“产权清晰、权责明确、政企分开、管理科学”。然而，至今国企依然承担了大量的政府职能——保就业、稳增长、促投资。国有银行也在承担政府的职能，先是为国企扩张产能提供廉价资金,再给低效国有企业提供新增贷款以维系其生存。从而导致历史上出现过的局面反复出现——经济要素配置严重扭曲、整体经济的效率不断下降、经济增长的活力被抑制。

党的十八届三中全会提出,使市场在资源配置中起决定性的作用。为了实现这个目标,必须从改革体制机制入手,尤其是改革政府官员、国企高管的激励和晋升机制;弱化GDP增速在考核中的重要性;强化市场竞争,更多发挥市场机制在监督国有企业中的作用。通过不断深化改革,为我国经济增长激发出新的动力和活力。

第7章
国有企业去杠杆的困难与应对*

何帆 朱鹤 陈阳

去杠杆是中国正在推动的供给侧结构性改革五大任务之一。目前，中国居民部门和政府部门的杠杆率相对国际水平仍然较低，相比之下，更值得担忧的是企业的杠杆率。2008年金融危机以来，中国企业的杠杆率高企，其中尤其是国企的债务规模增长过快，债务负担不断加重，成为去杠杆的主攻方向。

一、国企杠杆率的四个典型事实

其一，国有企业是非金融企业部门负债的主要承担者。根据中国社科院的测算，截至2015年底，金融部门、居民部门、包含地方融资平台的政府部门以及非金融企业部门的债务规模与GDP之比分别为21%、40%、57%和156%，非金融企业部门的杠杆率显著高于其他部门。2015年末，全国国有企业负债总额为92.4

---

* 本文根据朱鹤在6月5日论坛上的讲稿整理，部分内容发表于《中新经纬》。

万亿元,2015 年全国 GDP 总额为 68.9 万亿元,国有企业负债总额与 GDP 之比为 134%。在企业部门的负债构成中,国企负债规模的占比常年保持在 70%以上,也就是说,企业部门的负债主要集中在国有企业。

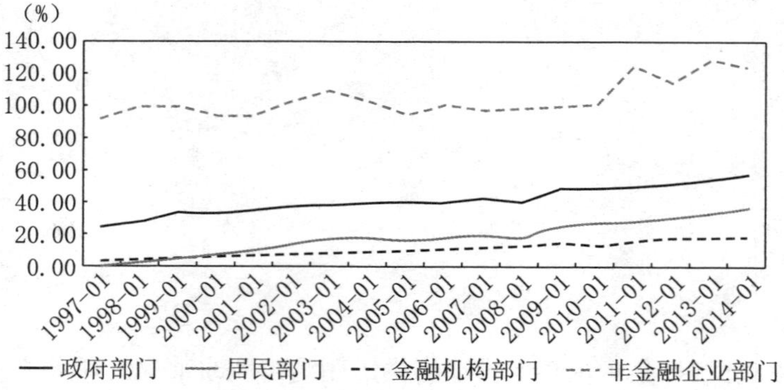

图 7.1　我国各部门负债规模与 GDP 之比

资料来源:北大汇丰海上丝路研究院,wind 数据库,下同。

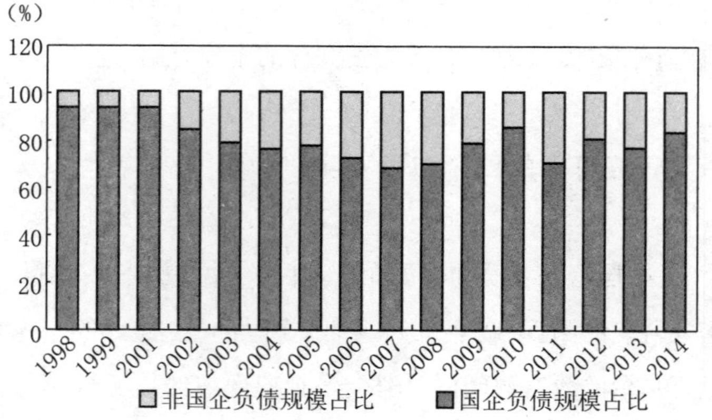

图 7.2　企业部门负债的组成

其二,国企加杠杆的效率下降,且地方国企是加杠杆的主力。2001—2010 年,国有企业资产负债率与净资产收益率基本呈正相关性，这意味着国企杠杆率的变化与其杠杆效率相匹配。2011 年之后，国有企业资产负债率与净资产收益率出现背离杠杆率持续上升的同时，净资产收益率却在不断下降。这说明国有企业加杠杆的效率在迅速降低。同时，2011 年到 2014 年，地方国有企业负债增速快于中央企业，表明地方国有企业是债务扩张的主力。而 2015 年中央国企的负债增速由 17%增长至 24%，地方企业则基本与上年持平。到了 2016 年，全国国企负债增速由 2015 年的 20.69%大幅下降至－5.85%，国企去杠杆初见成效。

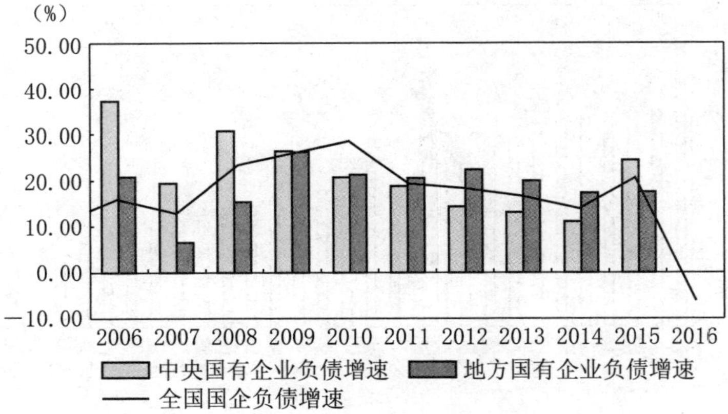

图 7.3　国有企业负债增速

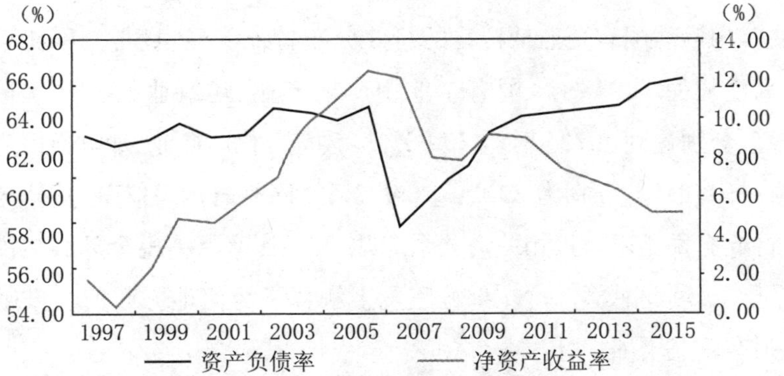

图 7.4　国企资产负债率与净资产收益率背离

其三，国有企业债务分布的地域差别明显，基本呈中部向周边扩散型分布。这与不同地区的产业分布有一定关系。2015 年，杠杆率最高的是山西省 78%，最低的省份是黑龙江省 52.3%，地区差异显著。国有企业的杠杆率以华北和关中地区为中心，北京、河南、河北、天津、山西、山东、陕西和吉林的国有企业杠杆率达到了 67.5%以上。围绕中心扩散的其他省份，国企杠杆率依次降低，最边缘的黑龙江、新疆、广东等省份杠杆率低于 59.9%。

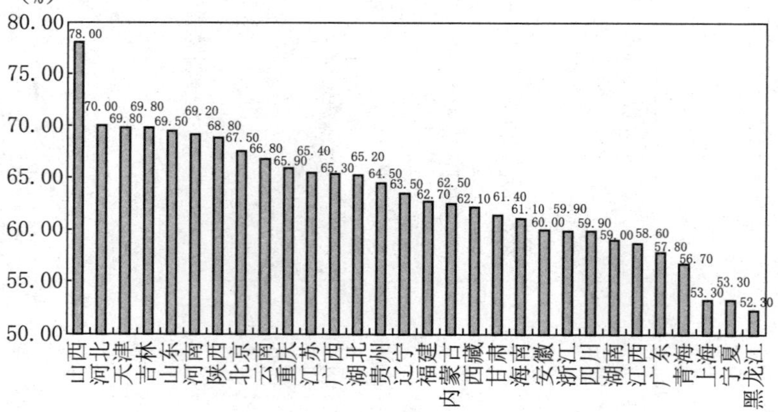

图 7.5　2015 年分地区国企资产负债率

其四，国有企业杠杆率的行业分布特征明显，且与交税比率高度相关。2015 年，国有企业中房地产业、建筑业的杠杆率最高，分别达到了 72.19%、70.96%。教育文化广播业、邮电通信业杠杆率最低，分别为 39.2%、39.07%。同时，行业杠杆率整体与行业交税比率呈正相关的关系，其中交税比率＝纳税金额/(纳税金额＋利润总额)，这在部分程度上解释了为何地方政府会鼓励国有企业增加杠杆。

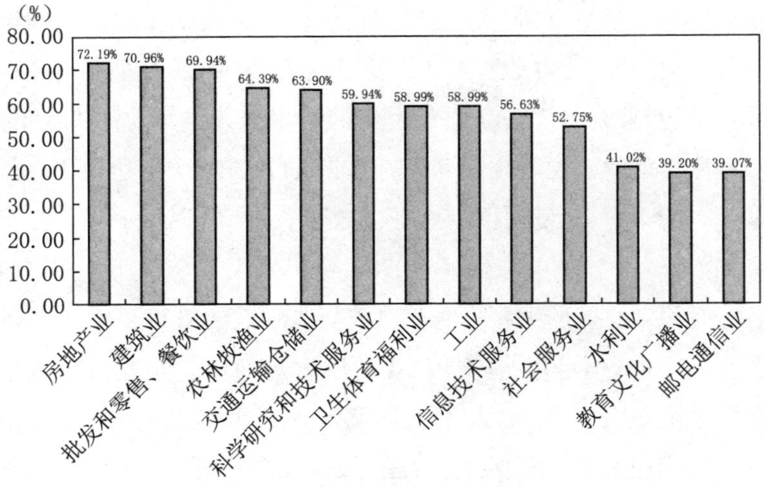

图 7.6　2015 年分行业国有企业杠杆率

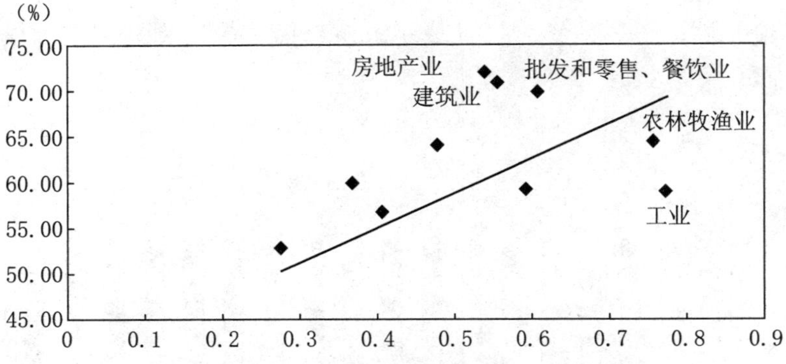

图 7.7　国企行业杠杆率(纵轴)与交税比率

二、国企去杠杆的困难

国有企业杠杆率偏高不是一个新话题,但之所以迟迟不能实现去杠杆,概括来说主要有以下四点困难。

第一,国有企业的职能过多,背负了额外的负担。这种负担主要体现为三个方面。一是稳定税收。国企贡献了大量的国家税收,其每100元营业收入的纳税额是8.55元,私人企业是3.02元,外资企业是3.03元,国有企业的税赋为其他企业的2.8倍。二是稳定就业。国有企业解决的就业人口在1997年达到了总就业人口的73.4%,随着国有企业的改革,该比例逐年下降。截至2014年,这一比例下降到了34.5%,但仍然大于全国就业人口的1/3,是稳定就业的重要阵地。国企创造就业的效率事实上要低于私营企业,但是稳定内部就业的压力迫使国有企业要从事很多非核心业务。例如,武钢办养猪场的目的是“充分利用富余的后勤人员,解决职工就业问题,履行社会责任”。三是稳定投资和GDP。国有企业的投资效率和GDP创造并不比私营企业更有效率和优势。但是在特殊时期,地方政府与国有企业更容易达成默契,国有企业因此成了政府部门实施逆周期调控的核心主体。

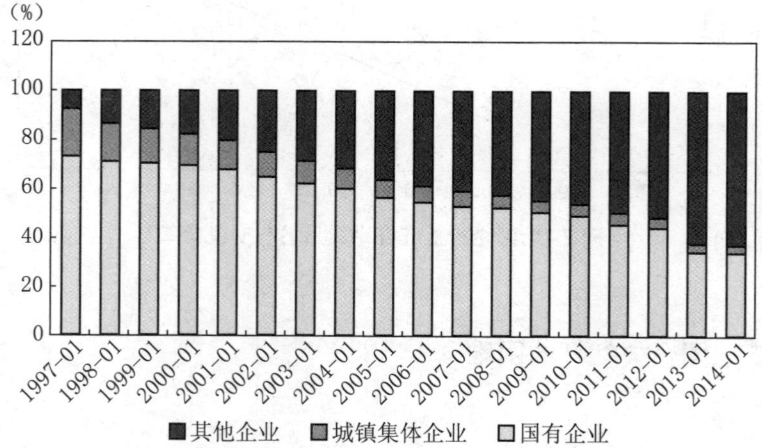

图7.8 就业人口在各类企业的分布

第二,国有资产处置敏感。去杠杆意味着资产和负债两端同时承压。其中，资产端的压力主要体现为国有资产处置比较敏感。一方面，处置国有企业资产的过程如果不顺利，就会出现旧账变新账的情况，这对国有企业的责任人会产生负向激励。另一方面，任何资产处置都对应着沉没成本的流失，沉没成本、估值损失等价值消失成了阻碍国有企业资产处置的重要障碍。国有资产流失一直是非常敏感的话题，因处置资产而导致资产变现价值下降，是对国有企业负责人的另一个负向激励。

第三，国有银行部门面临较大的损失压力。除了资产端面临阻力，国有企业的负债端也面临巨大压力，因为国企的负债主要对应着国有银行的资产。国有企业通过处置资产而承受的损失，部分可以通过自身消化，但仍有相当部分要传导到国有银行部门，形成不良贷款。当前，大型国有银行在金融监管强化的背景下已经苦不堪言，承担着较大的资本金压力。因此，国有银行部门为了规避不良贷款，不会积极配合国有企业去杠杆。地方性城商行更是如此，他们的客户主要是地方国企，地方国企又是最近一轮加杠杆的主力。这些地方性银行的抗风险能力本身较弱，在国企去杠杆的过程中，承受的压力尤其大。

第四，国有企业去杠杆过于追求效率，反而导致效率下降。根据国发[2016]53号文，降杠杆要充分考虑不同类型行业和企业的杠杆特征，分类施策，有扶有控，不搞“一刀切”。然而在政策落实的过程中，各方都会在分类施策的标准中找到对自己有利的解释，导致分类处置的结果是“都不用处置”，稳妥有序的初衷产生了效率低下的后果。此外，去杠杆只是一种手段和过程，最终目的是通过降低国有企业杠杆率，促进国企改革和提质增效。然而，当前在推动去杠杆的过程中，部分领域和部门把去杠杆从手段变成了目的。当前以“明股实债”形式推动的债转股就是最好的例证。虽然企业通过债权变为股权,在名义上降低了杠杆率,但股权要求的回报往往要高于债权,这反而增加了企业的流动性压力。这种去杠杆是典型的本末倒置,无助于推进国有企业改革和提质增效。

针对上述困难,我们认为应该从四方面推进国有企业去杠杆。首先,要在控制增量的基础上处置存量。在严格控制新的债务增量基础上,对存量债务可以通过分类管理、区别对待、逐步化解的原则加以处置。忽视增量指标,只会鼓励企业避重就轻,借新还旧,不解决实质问题。其次,鼓励国有企业自查历史坏账,然后由中央管理部门集中处置。清理坏账是一个伴随着剧痛的过程,不仅伴有有一定的政治风险,有时还要付出严重的经济代价。实行中央管理部门集中处置,可以有效规避因国企负责人面临的负向激励问题,提高清理历史账务效率。第三,兼顾杠杆率的水平和效率,区分杠杆的"好"和"坏"。评估债务的可持续性要同时兼具三重维度:一看杠杆率水平,二看企业的盈利能力,三看融资成本。单看其中任何一个,都会失之偏颇。区分杠杆的"好"和"坏",也就是要在杠杆率的基础上,考察企业的收益率水平和融资成本,好的杠杆可以保留,甚至依照需求增加,坏的杠杆则进行有序的压缩。第四,积极化解不良贷款,及时补充银行资本金。银行主动剥离不良贷款是化解债务风险的有效方法,可以通过资产证券化、不良资产转让等多种方式化解不良贷款。同时,这一过程中银行会承受一定程度的资本金损失,财政部门应及时补充银行系统的资本金,如发行特别国债筹集资金、允许银行发行优先股以补充资本金等。

第 8 章

修复国家资产负债表：去杠杆，流动性紧缩和金融反腐

邵 宇

一、金融周期和宏观杠杆

中国可能即将来到金融周期的高峰时段，比照美国次贷危机前后的特征来看的话，2018 年前后很可能会滑落。在这个走向金融周期高峰的过程中，有三个细节很重要，一是中国经济整体杠杆率持续上升。在过去 20 年间，仅仅是在 2005 年到 2008 年间略微有下降，从中长周期视角来看，90 年代到现在，整体杠杆率都是持续上升的；二是在最近十年的宏观杠杆提升过程中，国有部门的上升最为明显，而一般民间企业是不断降低的；第三是在国企部门内部，则是上游资源类和基础设施类企业的杠杆水平上升最快，尤其是在 2009 年的反金融危机 4 万亿大刺激以后。

金融部门的杠杆在持续的上升过程中也分化成不同的结构，大的金融机构和中小金融机构，杠杆的分布是不一样的。

总体而言，在过去 30 多年的时间段中，我们看到更多的是这

样一种情况——货币供应远远高于整个实体经济的增长。几乎在所有的年份下,两者都有一个接近5%的缺口。这不仅是中国独家的情况,而是“放之四海皆准”。发达经济体情况也类似,它们的M2跟实体经济增长之间也有一个5%的缺口,即货币多投放5%。每年5%的额外购买力的积累,这么多年下来,一定会堆积成一个巨大的泡沫,而且这个泡沫恐怕还是与全球金融市场连通在一起的。因为毕竟上一轮全球化,我们称之为全球化3.0,从资产负债表角度来看,是中国央行的流动性释放的源头,跟美联储流动性释放的来源紧紧捆绑在一起。或者说最大的两个印钞机是联通在一起的。

二、存流量的一致性模型

为了有效地讨论宏观经济整体和构成部分之间的杠杆水平变化,我们可以构造基于宏观多部门的存流量的一致性模型(SFC框架)。单独看某一个部门肯定会一叶障目,得看六个宏观部门的整体变化情况。这六个部门是:三个实体经济部门,企业、居民、政府;两个金融部门,我们把商业银行看做一个独立的金融部门,影子银行和金融市场并列为与商业银行一起的广义商业金融部门,把中央银行视为另外一个金融部门。最后一个部门,因为是一个开放的全球化环境,就是把整个国家视为整体,是一个对外部门。

现在实体三大部门杠杆的核心问题已经很清楚,主要问题出在地方政府和国企领域,他们的杠杆太高。过去几年的这轮腾挪,可以称之为“杠杆的转移”,最大的杠杆转移是什么呢?是政府转向了居民,包括房地产、PPP,一部分资产和债务都转给居民。资本市场也在讲一个故事，也就是传统转移到新兴。以前都是传统的企业，现在因为有一些叫做“PPT之王”，跟这些新兴企业一并购就“化腐朽为神奇”，这也是一种另类的杠杆转移方式。

不论主观上你是不是喜欢，但必须承认，这一轮居民成了“接盘侠”，买了房子的投资者就像A股市场中的散户一样，基本上就不会抛了，把房子全部砸到手里。但恐怕也没有其他方法能够完成这样一种杠杆的调整。当然这里商业银行、影子银行体系供应了大量的信贷给居民部门。客观上应当说，我们借此买到一点时间，以让经济增长能稳在目前6.5%左右的水平。

对比美国2008年金融危机前后的情形，其各部门杠杆的转移也非常明显，大体是从居民部门转移到了政府和央行。但是总量意义上绝对的去杠杆很难发生，尤其是广义货币与经济增长的比例很难停下来，不管影子银行还是商业银行创造了整个信用体系和信用货币。

三、金融部门去杠杆

货币、信贷和社会融资总量的内部构成也非常有意思。理论上说，直接融资和间接融资的整个发展逻辑和监管方法完全不一样。中国的情形大致是这样，首先居民的储蓄率很高，这个储蓄先存入大型银行，大银行再购买小银行的同业存单，小银行拿到资金后可能就给了通道型金融机构和资本市场类机构，包括券商、基金，以及它们的子公司，还有信托等等，资金最终来到资本市场，购买股票、债券或者其中的优先部分，还有一大部分购买非标资产（往往是房地产和地方基建相关项目），也就是房地产和金融市场相关的产品。长长的代理链条模糊了零售银行和同业业务，打穿了直接融资和间接融资的边界，扭曲了监管的逻辑。理论上说，在资本市场这端应该是买者或者卖者自负其责，而在银行普通储蓄这段，多多少少带有一点的存款保险和银行的信托责任。但通过这样的传导链条，所有的资金和产品都混在一块。而且链条越来越长，则期限错配和信用错配就越严重。举个例子，假设在整个从一般理财(储蓄)到资本市场产品的传导过程中，每个金融机构仅仅承担 0.5 年的期限错配，那么如果这笔资金在 20 家金融机构“空转”一圈，最终从资产端到负债端就有 10 年的期限错配，价格也要昂贵 100—200 个 BP(基点)，最终的资金成本必然会高企。这就是影子银行或者说是银行的影子，也是大家一直心照不宣在玩的游戏。中国的金融监管是可以套利的，怎么去套利？因为银行是根据资本充足率来进行杠杆约束的，但是影子银行不是，或者说没有那么强的资本约束，尤其是类似基金子公司这种轻资本的通道。理论上影子银行的杠杆率可以无穷大，并且资本占用的自营业务和代客理财业务也常常会混在一起，这就制造了快速的流动性投放和风险之间的传染。

这其间金融机构确实赚到了钱从而做大做强，金融体系因此快速膨胀，中国 2016 年金融业占经济增加值的比重一度超过 8%，甚至远高于老牌的金融大国，例如英国、美国，这其中的风险可想而知。

在过去的几年中，资产规模和杠杆增长最快可能是银行类的中小金融机构，它们通过同业业务使得资产和杠杆大幅提升，这就有点类似次贷危机之前的雷曼兄弟之类的金融市场机构，雷曼们的杠杆率甚至高达 30 多倍，当然中国的金融体系中杠杆不可能有那么高，但这不意味着我们的风险就会小，更何况我们的风险承担能力与发达金融市场远远无法相比。金融乱象已现，那就是资产价格泡沫的高企、代理链条拉长和"萝卜章"的灰色地带。因此从2016年三季度起,货币当局开展了一系列的流动性收缩操作,央行目前的思路可能是,希望银行间流动性供给的成本提升,但不调整终端企业和个人用户的贷款利率,从而挤出金融机构的利润,并降低其资产规模和杠杆水平。极端情况下,其实如果真心实意做一次类似于美国的去杠杆的话,学学美联储就可以了,在三年里面加了17次利息,然后就是次贷危机了。

四、去杠杆的长期性

最终结果出人意料,根据我们的模型测算,提升准备金或者利率,并不能够真正去化杠杆。总体而言,紧缩政策只会带来经济的负向循环。它会导致整个经济利息成本大幅上升。GDP也会在短期内产生一个比较大的冲击,但确实慢慢会恢复到一个稳定的状态。但是在这种情况有一个特别有趣的结论:杠杆绝对不会降低,不管是中短期还是中长期。如果想紧流动性,反而会引发所谓的费雪通货紧缩效应。

有一个很重要的争论,大家都说美国杠杆去得很好,然而事实并非如此。当我们把六大宏观部门资产负债表连在一块看的时候,你发现了什么呢?美国在居民部门、企业部门产生的一部分坏账,特别是MBS,只是堆积到了货币当局的资产负债表上,造成它总资产的膨胀,它玩的也是转移的游戏。这个游戏在什么情况能够玩下去,什么情况下会崩溃掉?很简单,比如说居民杠杆和负债率太高,美国的次贷危机就是一个很典型的例子,因为美国的居民贷款加杠杆比中国大很多。中国最低的时候也就两成,当然如果借助首付贷这种新的互联网工具,确实会上升很快。

但总体而言,美国的次贷,甚至是零首付的,就意味着它的杠杆无穷大,所以它崩掉了。

欧洲的问题在哪里?在于它的中央部门,财政部门出现大问题,例如希腊这些国家,它的总体债务太高,所以它的政府部门债务崩溃了。中国政府部门的总体负债,如果跟 GDP 比,没有达到欧洲 60%的水平,而且更重要的是中国政府部门债务通常形成相应的资产,只是这些资产的现金流和回报在目前这个周期里看来比较弱,比较典型的就是高铁。铁总的债务虽然是企业债,但视为中央政府负债,这是一个非常不同的地方。

再有是海外部门,不少发展中国家,包括拉丁美洲和亚洲金融危机的主要原因在于借了大量的美元债务,对外部门的债务杠杆太高并且具有货币种类错配。确实,从 2015 年“8·11 汇改”开始,这一轮剧烈的人民币汇率贬值以及资本流出释放了这样的风险。目前人民币稳住很大程度在于我们对外的负债本来不高,1.5万亿美元左右,现在 2/3 左右已经转换成了人民币负债,同时资本管制也正在日趋严格。

某种意义上说,所有经济体都在玩一个平衡游戏。这也容易理解,从整个宏观的逻辑,我们的经济发展依靠什么?经济发展主要来自于居民部门的动物精神。动物精神有两种去处,第一,创新创业;第二,投机驱动,房地产也是一种,所谓传统的实体经济。这种情况下居民杠杆一定是高企的,不管是买房子还是做股权投资。这个时候它自然就能把经济带起来,但是经济下行的时候政府杠杆一定是加大的,而且在这个情况下,央行一定要在自己的资产负债表堆积大量的垃圾资产,因为它不堆,就没人堆了,整个金融市场可能就会爆掉。

当然作为一个部门主管,他肯定不想在自己部门资产负债表上堆更多的坏资产。现在的监管态势很有意思。以前各个主管机构，同时肩负发展和规范的双重责任，“护犊子”行为居多。因为都是自己下面的企业，而且很可能有旋转门，下次这个关系就旋转过去了，尽量是护着、掩着、盖着。这次人事调整以后，转向了监管锦标赛，当然再叠加最核心的央行收缩流动性。整体货币流动性供应有两个环节构成，第一个环节是基础货币环节，第二个是膨胀的M2。基础环节是由央行资产负债表所决定的，膨胀的M2是由银行和影子银行体系决定的，其实银行体系基本是管制住的，虽然货币乘数很高，5.3左右，但是影子银行释放的流动性更加隐秘，而且它的成本更高。现在全面进行这样的压制，自然而然总量流动性供应就会下来。

回到一个更为根本的问题，我们应该怎样从更深层次上看待这个杠杆调整的过程。不能简单地认为把杠杆去干净就安全了，因为总体而言这个杠杆只是在各个部门再次平衡而已。本质上，我们是一个开放的、转型的、追赶的，又是中央集权型的经济体，现在要思考的是整个宏观政策框架应该怎么去构造的问题。

很有意思，从2003年这一轮强悍的上升时期，就是2003年到2008年这一段时间，也就是中国的工业化和城市化的高潮，更是全球化的高潮阶段。我们的货币供应，在所谓的央行印钞机端，用的是外汇占款。但理论上说只有小型经济体才会用外汇储备来进行货币投放，这样它能跟全球贸易竞争联系在一块。但是作为一个超大型经济体的时候，必须用自己的内在负债，包括对商业银行的负债以及对政府的负债作为货币基础，然后再去修正自身的金融体系，构造一个难以套利的成熟系统。当然真正做到以自己内部负债成为基础货币当然也不简单。第一，要断开外汇储备和基础货币的关系。比如财政部发行特别国债把所有外汇储备全部买下来,彻底脱钩;第二,同时放弃汇率目标,这个过程肯定惊心动魄,但是这是大国的玩法;最后要建立真正约束政府负债行为的现代财政体制。

其实我们讨论去杠杆以及整个金融架构调整和杠杆再平衡问题,牵扯到接下来整个宏观经济体的货币供应、财政政策调整以及相应实体经济增长的动力来源,只有给出一个系统的答案,而不是局部的办法。

五、协调去杠杆和稳增长

从未来来看,最关键的问题可能是,如果经济增长还要有一个6%左右的底线的话,维持多少的总体杠杆比率和分部门比率是合适的。换句话说,是不是有一个关键的节点或者阈值,杠杆去化到这个水平就可以了;抑或说是不是一定会有一些在加杠杆过程中特别快的金融机构被处理掉的话,就可以稳定下来再做其他的事情。

在中国经济改革的整体框架中,金融并不虚拟,是很真实的东西。金融体制改革就是提供充分的流动性,并按照市场的方式配置到最有回报的资产上面去,所以融资、融券、混业经营、大资管,讲的就是这个东西。当流动性通过这么多久期错配释放出来以后,用什么实体经济的生产要素,包括劳动力、土地、技术创新等去中和这些流动性才是关键。如果只有水,没有面,那么到处都是泡沫;反之,水不够,面也会坨,最终难以下咽并拖累经济增长。

2016年上半年流动性的收缩,金融监管风暴,还有金融反腐三者已经形成共振,各大类资产价格的反应近期还是比较充分,有一些风险也已经得到释放。目前各个监管部门都在积极安抚市场情绪，货币当局也在季节性地平息不断上升的资金成本。相信决策者已经注意到了防范风险过程当中的风险，避免在处置风险的过程当中产生新的风险，这对于稳定市场的情绪和预期，包括有序释放金融风险会带来更为良好的结果。共振的效应下降使得我们对未来的金融市场的判断可能更为乐观。

第 9 章
战略性审慎推进商业银行债转股

连 平　范林凯

2016 年 10 月市场化债转股正式拉开帷幕，迄今已有 10 个月。因为本轮债转股财政不再出资兜底，市场对商业银行在其中承担的风险存有较大疑虑。理性辨析商业银行推进债转股现状、模式及风险，分析此轮债转股的利弊，有助于商业银行采取正确的策略。

一、本轮债转股启动后进展较快

（一）当前债转股签约规模已超万亿

截至 2017 年 8 月 8 日，各商业银行已与 70 余家企业签订债转股意向协议，总金额超万亿。本轮市场化债转股目前已遍布 10 余个行业，但主要分布于煤炭、钢铁等强周期性行业，这两类行业中签约规模已超 5 000 亿。区域分布方面，当前已有约 20 个省份相关企业签订意向协议，其中陕西、山东、山西、天津等省份债转股项目签约规模较大。从各商业银行角度来看，主要是大型国有商业银行推进较快，其中建设银行开展最为积极、目前签约规模已超 5 000 亿元，工商银行、农业银行签约规模各约 2 000 亿元，交通银行签约规模达千亿元，另外部分股份性商业银行也有所涉足，但规模相对较小，目前签约总规模多在百亿元级别。

表 9.1　当前债转股实施概况

	概　　况
总规模	债转股签约项目涉及企业数量 70 余家、总金额超万亿
行业分布	遍布 10 余个行业，但主要为强周期性行业，其中煤炭、钢铁行业涉及项目数量 33 个，规模 5 535 亿元
区域分布	遍布近 20 个省份，陕西、山东、山西、天津签约项目总规模较大
商业银行推进力度	建设银行签约规模约 5 500 亿元 农业银行、工商银行签约规模近 2 000 亿元 交通银行签约规模约千亿

资料来源：根据截至 2017 年 8 月 8 日的公开资料整理。

（二）商业银行多采取“类明股实债”业务模式引入社会资本以股换债

当前商业银行实施债转股主要通过设立有限合伙基金引入银行理财资金及其他社会资本用以置换银行原高息债务。具体来看，主要有三种模式：一是并表基金模式，主要是指通过一系列条款安排将实施债转股的企业作为有限合伙基金的实际 GP，以将该有限合伙基金并入实施债转股企业财务报表，增加企业所有者权益、降低并表资产负债率并优化企业并表资本结构，有限合伙基金则可通过委托贷款模式将资金提供给企业，企业按期还本付息；二是定增基金模式，主要是指有限合伙基金投资实施债转股企业的子公司股权，并与实施债转股企业约定在未来装入其母公司或是旗下所属的上市公司，对于未能装入上市公司的股权或是实施债转股企业经营未达标，则由企业实施回购；三是设置投资载体模式,主要是指有限合伙基金投资实施债转股企业旗下优质资产受益权,并约定在未来装入上市公司或是由实施债转股企业回购退出。以上三种模式灵活性较大,具体项目可能存在多种模式混用的情况。

上述几类模式与目前各类产业基金、并购基金中"明股实债"模式较为相似,但也存在一定差异。上述各类模式往往带有结构化设计和回购机制的特点与"明股实债"模式极为相似。商业银行资金及其他社会资本往往只是认购有限合伙基金的优先份额,且若未来企业未能达到协议中约定的某些条款,则需回购已实施债转股的相关股权。但另一方面,上述三类模式中商业银行可直接参与具体项目筛选、谈判、运作、退出等关键环节,可通过谈判分享一定范围内未来股权上涨的超额收益,这与产业基金、并购基金"明股实债"模式中商业银行只是实质性充当资金出借方、获取固定收益且并不承担具体项目的实质性运作有较大差异。

上述"类明股实债"模式在实施初期存在一定争议,曾一度传闻被发改委全面禁止,但其后发改委已明确辟谣,且几大国有商业银行已基于这一模式先行推进了较多项目,故而预计这一模式仍将继续为各大银行采用。

(三)债转股标的倾向于强周期行业内拥有优质资产和上市平台的龙头型国有企业

从已推进债转股的项目情况来看,债转股标的主要有如下选择标准:一是所属行业为强周期性行业(包括部分产能过剩行业),或者是水、电、气、城建、交通、轻轨等涉及国计民生性的基础设施行业;二是企业为行业龙头或是区域龙头型企业,具备较强的现金保障能力或再融资能力,其股东具备较强的股权回购能力,并且,要求企业经营只是暂时性困难、未来发展前景较好;三是要求有明确的退出路径，如要求旗下有上市公司平台及优质资产，通过资本市场退出具有较强可操作性，或者可通过资产证券化等途径退出；四是具有国资背景，目前已实施债转股的企业多具有国资背景，民营企业数量较为稀少；五是实施债转股企业的规模相对较大，目前实施债转股的企业中约有2/3的企业资产规模超千亿，多数企业员工数量超万人；六是部分企业盈利能力尚可，不完全统计显示实施债转股的企业中约有一半企业2015年净利润为正。

二、商业银行本轮债转股风险相对可控

鉴于中国上一轮债转股出现了较多的道德风险问题，且本轮市场化债转股财政不再兜底，市场对商业银行推动本轮债转股存有较大疑虑。应该看到，本轮债转股银行所担风险将弱于上一轮债转股四大AMC公司所承担的风险。

（一）本轮市场化债转股标的将相对优质

从政策导向来看，本轮债转股企业标的主要为周期性行业内的龙头企业，贷款标的则主要表现为正常类和关注类贷款。在企业标的方面，本轮债转股肩负通过“扶优限劣”推进“去产能”任务，要求不能妨碍“僵尸企业”出清，故而实施债转股的企业标的主要是周期性行业内的大型龙头企业。在贷款标的方面，本轮债转股并非以化解商业银行不良贷款风险为目的，加之周期性行业内大型龙头企业贷款往往表现为正常类、关注类贷款，故而本轮债转股主要将对非不良贷款实施债转股。

从操作模式来看，本轮债转股商业银行风险承担及主导权均有所提升，为商业银行甄选优质企业提供动力及能力。本轮债转

股政府不再出资兜底风险，商业银行需自负盈亏，这要求其必须有效甄选出能够扭亏为盈、安全保险系数较高的债转股标的，否则将因企业破产时股权清偿顺序置于债权清偿顺序之后、错失最佳处置时间而遭受资产损失。并且本轮市场化债转股强调商业银行、实施机构和实施债转股企业自主协商的特点为商业银行自主选择优质企业创造了条件，而上一轮债转股行政色彩较为严重，四大资产管理公司甄选实施债转股企业的空间并不大。

（二）本轮债转股前后商业银行承担的风险性质及大小并不会有显著变化

目前商业银行实施债转股的主要业务模式均是采取“类明股实债”模式，利用社会资本替换部分商业银行债务。在这些模式下，商业银行债转股前后所承担的信用风险性质及大小并未有实质性变化，甚至可能因部分债权的回收而减少商业银行风险暴露，故而总体来看债转股前后商业银行的风险并不会有显著变化。

在当前采用的业务模式中，银行承担的信用风险并未发生实质性改变。无论是定增模式、设置投资载体模式或是并表模式，均往往会对未来股权退出设置回购协议，若未来所持股权收益未达预期，则企业仍须回购股权以确保银行资金、社会资本安全。故而相比于未实施债转股情况而言，银行承担的风险类型并未有实质性变化、仍承担企业的信用风险。并且，债转股前后风险大小也未有显著放大，若企业未来经营情况恶化、即使不实施债转股银行贷款也同样面临无法偿还风险，加之商业银行在项目的实施过程中往往选择大型国有企业并取得国资委支持，故而商业银行的信用风险相对可控。

利用社会资本替代部分银行资金且采用结构化设计的方式，可减少商业银行部分风险暴露。从资金来源角度看，上述各类业务模式均是通过设立有限合伙基金的模式吸收社会资本连同银行资金及企业资金置换商业银行贷款。商业银行若对自身贷款实施债转股，相当于提前回收了部分资金，其风险暴露有所减少。并且，各类模式均可设置结构化条款，银行资金、社会资本往往只是作为优先级资金参与，企业资金则作为劣后级承担更大风险及收益。从这一角度来看，相比于企业违约后商业银行贷款直接受损，债转股后商业银行资金安全相对更有保障。

以武钢集团首批债转股为例，建行出资 100 亿、武钢出资 20 亿共同成立有限合伙基金实施债转股，并约定若未来管理层业绩不达预期，国企集团将对相应股权进行回购。这一案例中建设银行的信用风险性质并未发生实质性改变，若未来武钢集团破产倒闭，无论是贷款还是回购协议都将面临违约。当然，贷款的偿还次序一般位于回购协议之前而可能获得更高的清偿率，但鉴于武钢出资 20 亿元很可能是作为劣后方，债转股后信用风险可能并不会比原贷款大太多。

（三）开展债转股有利于企业渡过周期低谷期，一定程度上有助于商业银行化解潜在不良贷款风险

实施债转股有助于企业降低财务成本。将企业高息贷款置换为无息股权可直接大幅降低企业财务成本，这对于经营状况不良、濒临亏损线的企业而言意义较大。并且，对于实施债转股的企业而言实施债转股意味着良好的银企关系，这有助于其后续低成本债券发行及存量债务续发、续贷。

实施债转股后企业经营可能改善。商业银行在签订债转股协议时往往要求企业未来经营指标达到一定水平否则企业须回购所置换股权，甚至直接要求改善公司治理机制，以助推企业经营状况改善。另外，商业银行与众多企业联系紧密的特征为其未来实施债转股企业牵线兼并重组对象提供了可能,而若实施债转股企业兼并重组成功,则其经营利润及估值均可能有较大提升。

间接来看,集中对产能过剩行业中龙头企业债转股有助于“僵尸企业”出清,提升行业利润。当前实施债转股的企业主要集中于钢铁、煤炭、有色等产能过剩行业。对过剩行业内优质大型企业实施债转股、降低其财务成本有助于拉大行业内优质与低效企业之间的利润差异,激励优质企业积极生产从而进一步降低低效企业利润,进而推动行业内“僵尸企业”出清。而过剩行业“僵尸企业”加速出清则有助于行业整体利润水平提升,实施债转股的企业利润水平也将随之提升。

三、对银行而言推进债转股利弊兼具

在当前银行利润承压、谋求战略转型的背景下,商业银行推进本轮债转股具有一定战略意义。当然也需承担一定成本和风险。

(一) 推进债转股有助于开展综合经营

当前,商业银行已通过理财业务、投贷联动等方式开展股权类投资业务。然而,出于监管限制及商业银行自身经验不足等因素,理财资金多是通过结构化方式参与股权投资基金的间接模式进行股权投资,商业银行本身并不直接持有并参与股权投资项目的选择、运作;投贷联动模式则因风险计量标准不明确、所投科技企业可抵押物缺乏、投与贷之间风险补偿机制难以建立等多方面原因并未得到快速、大规模的推进。本轮市场化债转股则为商业银行提供了直接开展股权投资的机遇。

一是有助于大规模合法投资非金融企业股权。除非国家另有规定，目前商业银行法仍不允许商业银行直接投资非金融企业股权。本轮市场化债转股赋予商业银行对标的自主选择权，并允许商业银行设立实施机构实现间接持股，这无异于为商业银行提供了一种变相参与非金融企业股权投资的渠道。从规模来看，因本轮债转股对象龙头型企业债务规模往往较大，预计本轮债转股推进总规模可能相对较为可观。

二是可通过设立子公司获得股权投资业务直接抓手（股权投资准牌照）。2016 年 10 月出台的《关于市场化银行债权转股权的指导意见》指出，"支持银行充分利用现有符合条件的所属机构，或允许申请设立符合规定的新机构开展市场化债转股"。对于商业银行而言加紧加快推进债转股意味着获取了一个可重新进行制度设计、重新配备人员的股权投资新机构，这有利于商业银行获得股权投资业务的直接抓手。

三是可进一步积累股权投资经验。商业银行目前参与股权项目更多是通过投资"明股实债"式产业基金，无需根据投资标的的市场前景、经营能力进行项目筛选，也无需承担股权投资的市场风险，故而股权投资经验一直较为缺乏。而本轮市场化债转股商业银行需直接承担具体项目成败风险，且商业银行自身将直接参与项目的筛选、运作、退出等关键环节，需对所投资企业所处行业前景、企业竞争力以及股权投资的退出渠道等做出一定深度的判断，这能够进一步促进商业银行积累相关股权投资经验。

四是可获取未来开展股权投资的先机。若商业银行手中已获取较大规模的企业股权，则监管层很可能将更加倾向于进一步放开商业银行股权投资束缚、允许商业银行在运作企业股权方面有更大灵活性，否则可能形成大量无法变现的股权而导致商业银行风险放大、系统性风险暗存。对于单家商业银行而言，先行开展债转股较推进滞后而言更易获得监管层未来商业银行股权投资试点的可能。

(二) 早推进债转股标的选择范围更广、更优质

愿意实施债转股的企业主要有三类:第一类是扭亏无望、希望借债转股免除债务的企业;第二类是暂时困难,通过债转股确实能够帮助其度过困难期的企业;第三类是财务负担较重,但资产质量、未来前景均较好且无需债转股助其平稳度过周期低谷的龙头性国有企业,而是出于贯彻中央"降杠杆"要求有一定动力实施债转股。

在上述三类企业中,银行愿意推进债转股的标的相对较少。显然,商业银行对第二类、第三类企业债转股有利可图、风险较小,但这两类企业或是难以明确辨析、或是数量有限。对于第二类企业,暂时困难的标准较为模糊,其需商业银行对行业未来前景有较明晰的判断,同时需对企业治理结构、激励机制、核心优势、人员结构等等一系列因素做出判断。对于第三类企业的辨别相对明晰,但鉴于强周期性行业内龙头性企业数量并不多,且因各地政府响应中央"去杠杆"号召往往只会对当地少数国有企业施加压力,故而第三类企业数量并不会太多。

由此来看,越早推进债转股的商业银行优质标的选择范围越大。若待市场中资质较好、风险相对较小的债转股标的被挖掘后某一商业银行再开展此项业务,则必然需要承担更大风险。

(三) 推进债转股有助于业务协同发展

商业银行推进债转股有助提升对企业的话语权。本轮债转股单家企业实施规模较大,债转股后商业银行有望成为企业的重要股东,这有助于商业银行提升对企业行为的影响力。并且,企业出于债转股有助其降低财务负担等因素考虑也将倾向于接受

商业银行提出的相关要求。

实施债转股企业为大型龙头型企业且多具上市公司平台的特征，意味着商业银行债转股过程中协同推进投行类、公司类、个金类业务具有较大空间。一是本轮债转股企业多具上市平台，部分企业旗下甚至拥有两家上市公司，故而对于大股东股票质押、可交换债等业务以及上市公司并购基金、定向增发、可转换债、员工持股计划等业务需求较大；二是实施债转股企业旗下众多子公司的特征，为商业银行利用债转股后的话语权争取基本户开立、资金结算、贷款等业务提供条件；三是上市债转股企业员工众多的特征，为商业银行积极拓展信用卡业务、理财销售、基金和保险销售等业务创造便利。另外，实施债转股后商业银行可在资产端积累较大规模的股权有助于提升其参与并购基金、产业基金的竞争力。

(四) 推进债转股需承担一定成本

一是可能导致商业银行短期利润受损。债转股通过利息收入、拨备冲回以及债转股前后债权与股权账面价值差等渠道影响商业银行短期利润水平。对正常类、关注类贷款债转股主要将导致利息收入损失，而拨备冲回效应和债转股前后债权与股权账面价值差基本可忽略。若以债转股后利息将损失 3 个百分点的假设粗略估算，将 1 000 亿非不良贷款债转股将造成年 30 亿元左右的利息损失。对不良贷款债转股同样将导致利息收入损失，且往往仅能将债权价值的 3—5 成转换为企业股权，但债转股当年拨备冲回较大、能够回补部分利润损失。

二是导致资本充足率承压。我国相关监管制度规定商业银行被动持有非金融企业股权风险加权资产对应风险权重至少为400%，远高于持有贷款的风险权重。2017 年 8 月 8 日银监会出台的相关管理办法(征求意见稿)要求对实施机构实行并表管理,意味着未来债转股很可能需要在银行集团层面计提资本。实施债转股后商业银行若不通过增资扩股、利润留存等方式增厚净资本,则资本充足率将进一步下滑。但考虑到债转股过程中商业银行自身出资比例可能不高,且实施机构向合格投资者募集资金实施债转股资本计提规则尚需进一步明晰,债转股后对商业银行净资本的冲击可能并不会太大。

三是可能需要放弃债权的优先清偿次序。因股权的清偿次序列于债权的清偿次序之后,故而若债转股后企业经营不善而破产清算,银行能够得到的回收率一般会大大低于持有贷款的回收率。若债转股企业质量较差,未来无法实现扭亏为盈,则实施债转股只会导致商业银行遭受更大损失。当然,目前采用的类“明股实债”业务模式中往往带有回购协议甚至可能要求公司提供资产抵押,这一定程度上弱化了债转股的这一不利影响。

四、商业银行债转股应严控风险、战略推进

建议商业银行本着“严控风险、战略推进”的思路审慎推进市场化债转股工作。站在综合经营、股权投资经营和业务协同的高度积极布局债转股“战略攻坚战”。

一是完善筛选标准。在行业选择方面,可重点考虑强周期行业和涉及国计民生的基础性行业,并加强研究行业 3—5 年后的供需景气情况;在企业选择方面,可重点考虑行业内暂时困难的国有龙头型企业,实施债转股企业应具有上市公司平台和优质资产;在贷款标的选择方面,可优先考虑对本行债权进行转股,避免对他行债权债转股而增加风险暴露。

二是构建专家团队，严防质差企业债转股。可考虑在银行总行层面构建项目制专家团队，抽调实践经验丰富的财务专家和行业专家，予以一定激励政策，严格审查拟债转股企业财务情况，审慎评估经营前景。加强实地调研，扎实分析拟债转股企业可能的财务造假程度，防范质差企业通过财务粉饰甚至造假达到筛选标准而导致风险放大。

三是做好条款设计和成本测算。商业银行总行相关部门可针对不同债转股业务模式制定相应的基本条款，避免分支机构研究力量不足或将条款制定权利过度下放而因地方政府压力导致承担债转股风险过大。同时，还应详细测算不同债转股规模对银行利润、资本充足率、拨备覆盖率等指标的影响，为合理制定债转股推进规模提供依据。

四是积极参与公司治理。在合作伙伴选择方面，可积极谋求与实施债转股国有企业上级主管机构的合作（如当地国资委），构建激励相容的机制以加大债转股后银行对企业的话语权；在条款谈判方面，应积极争取银行在董事会中的席位，并设定回购条款对企业未来经营情况做出约定；在投后管理方面，应加强银行对债转股企业的资金、重大战略决策及行业和区域相关信息的监测，严格要求企业遵循条款约定。

五是加强行内协同，多方面争取业务机会。针对债转股企业相关上市公司及股东，应积极谋求股权质押、债券承销、定向增发、私募可交换债等投行类业务机会；针对债转股企业员工，可积极开拓信用卡、理财销售、保险销售等个金类业务机会。还应积极争取相关企业在银行开立基本户，开拓资金结算、工资代发、贷款融资等公司类相关业务。多维度加强行内协同，充分利用好债转股后商业银行成为重要股东的有利地位。

六是站在综合经营战略高度推进债转股。短期内，可考虑以“类明股实债”业务模式在符合商业银行风险容忍度的基础上适度加快债转股推进速度，避免推进过晚、优质企业标的缺乏，并积累适度规模企业股权为未来可能放开的深度综合经营做准备。应大力做好商业银行债转股子公司申设工作，谋取股权投资的“准牌照”。长期来看，在债转股推进过程中，应加强对同股同权式债转股业务模式、股权处置方式的研究，为以投行思维推进债转股提供思路指导。还应着眼于构建对经济周期、行业周期、企业经营前景等基础领域的研究能力，增强波段式参与股权投资的能力。

第三篇

国企去产能与提质增效

第 10 章

中国经济之辩：新周期到来了吗？

何帆　朱鹤

2017 年中国经济开局良好。一季度 GDP 增长 6.9%，规模以上工业企业利润同比增长 28.3%，为 2011 年以来最快增速。这引发了经济学界的争论，一种具有代表性的观点认为，中国经济已经从“新常态”转入了“新周期”，可能会进入一轮较为强劲的经济复苏过程。我们认为，得出这种判断可能为时尚早。导致部分企业利润增加的主要因素并非是需求回升，企业利润增加之后未必会相应地增加投资，即使企业有意愿增加投资，在现有的货币和信贷政策条件下也未必能得到支持。其他因素，例如政府投资、消费和净出口亦无法有效地拉动中国经济增长。中国经济增长仍然存在下行压力，如果政府希望维持较高的经济增长速度，要么采取传统的“强刺激”，要么及早推出“强改革”。

2017 年以来企业利润虽然有了回升，但不是所有的企业都雨露均沾。如果观察各类企业的表现，可以大致发现以下特点：其一，大中型企业利润回暖较快，同比增速快于工业企业整体增速。2017 年 1—4 月，大中型企业累计利润同比增速为 31.7%，比整体工业企业利润增速高出了7.3个百分点。同时，在工业企业总利润的占比已经达到66%，基本上主导了工业企业的总利润水平。其二，国有企业扭亏为盈，是企业利润整体回暖的关键因素。2017年1—3月国有企业利润同比增长70.5%，远远高于其他类型企业（集体企业7.6%，股份制企业30.2%，外商企业24.3%，私营企业15.9%）。其三，上中游行业盈利回暖远好于下游行业。2017年1—3月，上游行业利润达1 228亿，去年同期亏损54亿。中游行业利润达到8 040亿，同比增长36%，其中黑色加工、有色加工、化纤等行业盈利改善最大。相比之下，下游行业利润同比增长仅为2.9%。

为什么大中型、上中游的国有企业利润增长速度最快呢？一个重要的原因是行政化去产能政策急速推进，导致原材料价格大幅上涨。这在煤炭、钢铁、化工和有色等行业表现得尤为突出。2015年底至今，煤炭和钢铁产品价格出现明显回升，目前5 500大卡的动力煤价格基本稳定在600元左右，相比2015年底的价格增加230元，增幅超过70%，螺纹钢的价格在3 500元上下波动，比2015年底的价格几乎增加了一倍。2017年1—4月，煤炭开采与洗选业的累积利润比2016年同期增加了100倍，黑色金属冶炼及压延工业的利润同比增幅达141.5%，远高于其他行业。

反观纺织、橡胶、食品等下游行业的利润增长则较为温和，市场需求整体偏弱。2017年1—4月，纺织、橡胶和食品加工业的累计利润同比仅为5.3%、5.4%和8.4%，大大低于同期工业企业整体的累计利润同比增速24.4%。如此看来，这次利润回暖其实是利润在不同行业间的再分配。更令人担忧的是，这可能导致下游行业的利润受到进一步的侵蚀。如果上游行业是由于价格上涨而出现利润回升的，那么，这一价格上涨因素很难完全传导到下游行业。我们已经看到,PPI 从 2016 年中快速回升,而 CPI 则始终按兵不动,于是,大部分价格上涨都转化为下游行业的成本上涨。纺织、金属制品、橡胶、食品等行业的生产成本(PPRIM)的增速快于产品价格(PPI)的增速,这其中的缺口部分就是因成本上升导致的利润损失。

恰恰是那些利润增长速度最快的企业,投资意愿反而最弱。从历史数据来看,工业企业利润增长并不必然带来投资的增长,二者在 2016 年以来出现了背离的趋势:在盈利不断回暖的情况下,实际投资的同比数据却一路下滑。当然,在一般情况下,如果企业盈利改善,会在一定程度上促进企业的投资,观察除煤炭、钢铁、有色金属、化工等之外的其他制造行业,确实能够发现盈利和投资之间的正相关关系,但是,上述这几个行业的盈利却对投资几乎没有影响。我们认为,这种现象背后的原因是,近期利润增幅较快的行业在前期亏损幅度也较大,因此当企业盈利增加后,这些企业首先想做的是用利润减少以前的亏损、减少债务负担、尽快修复资产负债表,而非贸然地增加投资。这和日本在 20 世纪 90 年代进入经济衰退时期企业的行为表现异常相似。

退一步讲,即使盈利增长较快的企业确实有意愿增加投资,在目前偏紧的信贷环境中也将受到极大的制约。企业的固定资产投资需要资金支持,而外部贷款是资金的重要来源之一。从历史经验来看,较为宽松的信贷政策刺激了较为强劲的投资增长,但目前国内金融市场去杠杆正处于攻坚阶段,短期内看不到货币政策重返宽松的迹象。中国非金融企业的杠杆率已经达到全球第一,2015 年非金融企业债务占 GDP 的比例为 131%,远超过 90%的国际警戒线。为了防范系统性金融风险,国内金融监管部门采取了一系列政策加强监管,央行的货币政策相对收紧。2017

年第一季度金融机构超额准备金率为1.3%,为历史数据第二低位。2017年初至今,各项利率明显上升,表明央行有意引导利率上行。在这种背景下,企业获得资金的难度和成本都随之加大,因此,企业扩大投资这件事,既不为,亦不能也。

假如企业投资增长乏力,那么,政府投资、消费或净出口能否拉动中国经济增长呢?

从政府投资来看,2016年基建投资增速较快。这一方面是因为2015年的基数较低。地方政府到期债务在2015年下半年集中爆发,同时债务置换进度不如预期,导致地方政府捉襟见肘。2016年地方财政有所缓解,基建投资才开始发力。其二是2015年签约的PPP项目到了2016年集中落地,导致政府投资上扬。2017年的基础设施投资能节节拔高吗?很难。由于2016年基数较高,而PPP的优质项目已经大体告罄(前期落地项目中超过半数为优质项目,目前尚处于识别阶段的项目中九成以上为非优质项目),再加上财政部出台多份文件规范地方政府融资和支出、银监会也要求防控地方债务风险,很难设想2017年会出现基建投资的“大跃进”。

从消费来看,从2011年以来,社会消费品零售总额的同比增速呈现出平稳下降的趋势。2016年受到购置税优惠政策的影响,汽车销售同比增速高达15.9%,拉动了当年的消费增长,但优惠政策透支了未来几年的汽车消费,2017年前四个月汽车累计销售同比增速已经降为-1.4%。在居民收入没有明显改善、没有出现新的消费热点之前,预计消费只会保持增速平稳下滑的趋势。

从外需来看,外部需求回升的基础并不稳定,净出口对GDP增长的拉动效应不大。尽管2017年第一季度进出口数据较好,但 4 月海关数据显示进出口增速大幅度下滑，低于先前的市场预期。美国经济增速已经接近潜在增速，特朗普的财政刺激政策前景并不明朗，欧洲和日本等主要经济体增长乏力，外部需求进一步提升的空间有限。

综上，我们认为，当前企业盈利的回暖不可持续，更不会因此带来企业投资的快速增长。所谓的“空中加油”，即库存周期（短周期）见顶下行之际，会遇上产能周期（中周期）见底回升，可能会遇到无油可加的窘迫局面。中国经济的“新常态”并未出现根本的改变，下行压力依然存在，2017 年可能出现“前高后低”的格局。如果政府希望将经济增长继续保持在 6.5％的较高目标，那么，一种选择就是在经济下滑之后，再次启动传统的“强刺激”政策，通过宽松的财政和货币政策，刺激地方政府和企业的投资，但这一“强刺激”政策的副作用已经多次出现，而且一次比一次更强烈，应慎用这种“兴奋剂”。另一种选择则是及时推出“强改革”：启动国有企业改革；开放能够切实改善民生、增加人民“获得感”的服务业，如医疗、教育、养老、通信等；以更为市场化的方式推进城市化和环境保护；实行更高水平的对外开放，等等。这些改革将释放出强烈的信号，从根本上提振市场信心。没有比 2017 年更为合适的改革时机了。

第 11 章
政策性负担与国有企业改革

陈斌开

本文结合在去产能过程里面看到关于国企改革的一些现象，分析在去产能过程中，国有企业到底扮演什么样的角色。

从 2016 年到 2017 年，供给侧结构性改革的最核心任务就是去产能。钢铁行业要去产能 1 亿到 1.5 亿吨，煤炭去 5 亿吨。在钢铁和煤炭行业，国企占大头，其中钢铁约占 50%，煤炭约占 70%。在这种情况下，国有企业是去产能非常重要的主体。

我们可以查到国资委的表态，说 2016 年央企化解钢铁过剩产能 1 019 万吨，煤炭产能 3 497 万吨，提前超额完成任务，而且完成了 398 家“僵尸”企业和特困企业的处置和治理工作，较好地发挥了央企的表率作用。2017 年的时候，国资委又表态，今年要化解 595 万吨钢铁、2 473 万吨煤炭产能，还要完成僵尸企业 300 户的处置任务。

2017 年 PPI 开始回暖，最核心的是供给侧结构性改革所驱动的钢铁和煤炭价格的上涨。大家看一下钢铁和煤炭价格变化，前面是疯狂的螺纹钢，从 2016 年下半年螺纹钢价格上涨。在低点时钢铁价格也就是 2015 年的 2 000 元，高效的企业还可以盈利，但很多企业已经开始亏损，因为平均成本达到 2 200 元左右。2015 年很多企业就应该退出，但并没有。供给侧结构性改革之后，价格一路上升，上升到现在大概 4 000 元一吨，这个价格对钢铁企业来说是非常好的价格。平均一吨盈利 1 000 多块钱，即使就算盈利 1 000 块钱，这种情况下 100 万吨的钢铁厂的盈利就是 10 亿。这样意味着从经济逻辑上而言，这些企业是没有太大积极性去产能的。

煤炭也是一样的，低点大概 350 元一吨，到现在已经涨到 500 元，这就意味着对于钢铁和煤炭在现在这个点上要去产能，压力是很大的。但是央企、国资委表态非常坚决，一定要去产能。

在这个过程里面国有企业到底扮演什么样的角色？我们称之为“政策性负担”，这个词是林毅夫老师提出来的。当我们看到这一轮去产能的时候，政策性负担是很重要的要素。

什么是政策性负担？其实就是它会受到很多政府干预，导致它不得不承担的负担。刚才说的只是一个例子，就是政府说要去产能，私有企业可以想各种各样的办法推托，但是国企必须第一个表态，如果需要去产能的时候，必须坚决执行，这对企业的利润是有损害的，但必须要做，这是政府指令性的行为对于国企的影响。其实在更多普遍的意义上，国有企业不仅有政策性指导，而且国有企业有很多冗员，要解雇工人比私有企业困难很多，这对大部分国有企业是负担。还有社会保障负担等等，这是国有企业在目前情况下需要承受的负担。有了这样的政策性负担之后，对于国有企业而言，它在市场竞争上，一定程度上会面临一个劣势，因为它的负担比私营企业更重，如果让它退出，它身上会背负更重的负担。

这种情况怎么让国有企业活下来?政府让国企承担了很多负担,必须要给它财政补贴,给它各种银行贷款等政策支持。如果能很准确度量承担多少负担,就给多少补贴,这样就可以到市场上竞争,这里没有问题。最大的麻烦在于,政府并不知道国企到底能承担多少负担,所以这种情况下给它补贴是完全没底的,我们叫它预算软约束。它告诉你,只要承担负担,永远会说,补多少都是不够的。政府要给它补贴就是个无底洞。

一旦出现这种情况,政府就会发现预算软约束导致激励机制的极大扭曲。对于国有企业而言,最优的方式是多向政府要补贴。而且由于看不出来最后收益是因为努力工作的结果,还是政府补贴的结果,所以会对国有企业整个激励机制形成很大扭曲。由于承担政策性负担时,没有办法衡量到底是国有企业干得好导致收益上升,还是因为给了它补贴,或者是政策性负担导致它收益上升或下降。由于这么一个逻辑,国有企业的激励机制会存在很大麻烦。

在需要去产能的行业中,政策性负担有什么特征呢?我们做了一些简单的分析。首先,我们用一个最简单的指标,就是它的超额雇员率。首先国有企业超额雇员率会比其他性质的企业来得高。它告诉我们,国有企业相对而言承担更多的政策性负担。有了这个政策性负担之后,我们看看它跟产能过剩和僵尸企业的关系。可以看到:超额雇员率越高的企业,产能过剩更严重,相对而言它会更加预算软约束,不会优化它的产能利用。

同时,超额雇用率更高的行业,它的僵尸企业的数量比重也会越高。这个就更加直观,一旦国企有超额雇用,最后想退出,政府说因为雇了很多人,所以需要给你补贴,让国企先活下来,这种情况更有可能造成僵尸企业,所以可以看到政策性负担会导致更多、更大可能的产能过剩和更高比例的僵尸企业。一旦有政策性负担，不仅国有企业，其实私有企业如果承担了政策性负担同样也会有问题。

一般而言在一个城市里面，如果这个企业占它城市就业比重很大，不管它是国有还是私有都会承担政策性负担。比如，私有企业承担就业份额比较大的时候，它也会承担政策性负担，因为它想退出的时候，地方政府会通过各种手段尽量保住企业，进而稳定就业和投资不要在短期内出问题。这种情况下我们看到，当一个企业在本地就业份额越高，这个企业往往过剩产能更高，同时僵尸企业可能性也就更高。政策性负担不仅是国有企业的大问题，对地方政府而言，即使私有企业，也会面临政策性负担的问题。一旦政策性负担出现后，要解决这个问题，会带来很大的企业激励机制问题。

我们通过分析发现，剥离政策性负担是国有企业去产能过程的必要条件，虽然不是充分条件。因为它的核心是需要让国有企业成为竞争性主体，能够在市场上竞争，同时能通过国有企业绩效，来反推这个企业本身相对而言是不是经营得更好。但如果没有剥离政策性负担，就没有办法通过外部信号直接来反推，它到底是不是真的在这个行业表现得更好。

对于产权改革而言也是，如果在没有剥离政策性负担的前提下，仅仅是进行产权改革也是有问题的。即使私有企业也会面临着预算软约束等一系列问题。

党的十八届三中全会提出，政府应从管企业向管资本转型，但前提也是要剥离政策性负担。比如钢铁厂只管资本，怎么管？它的就业问题怎么办？这些问题必须要在解决了政策性负担的前提下，才能解决。

最后,可以以去产能为契机,把中央 1 000 亿财政奖补资金纳入社保体系。这个钱只能保人,不应该保企业。这种情况下进入社保体系,通过这种方式来保人,用于剥离政策性负担,推动国有企业改革,这是相对而言在短期内有可行性的一种方案。

第 12 章

治理中国僵尸企业应取消扶持型产业政策

黄少卿

2016 年以来，中央政府提出五大结构性改革任务，其中“去产能”被列在首位。而去产能的一个重要手段，就是清理僵尸企业，加快其退出市场的步伐。此后，国务院国有资产监督管理委员会提出要用三年左右时间完成中央企业中 345 户大中型国有僵尸企业的清理工作。本文认为，僵尸企业的清理只应作为去产能的一个治标之策，而治本之策则在于建立遏制僵尸企业持续生成的体制机制因素。本文从产业政策入手，来讨论中国长期实行的选择性产业政策是否构成僵尸企业一大成因，由此为治理中国僵尸企业提出相应对策。

本文的结构如下：第一部分将对中国僵尸企业的分布给出一般性描述；第二部分利用计量分析结果来建立产业政策对僵尸企业形成的因果联系。最后是相关政策建议。

一、中国僵尸企业的一般性描述

根据笔者和陈彦（2017）的一项研究，中国僵尸企业总体的情况是,2001 年到 2007 年,无论是僵尸企业数量占比还是资产规模占比,都有一个逐步降低的过程,从 2001 年大约 20%降到了 2007 年——也就是上一轮中国经济周期顶峰——的 10%左右(见表 12.1)。因为数据缺失问题,中国工业企业数据库 2008—2010 年没有提供政府补贴数据,我们很难将对僵尸企业的识别做到最近的年份。

表 12.1 2001—2007 年中国工业企业中僵尸企业的数量和资产规模及其占比

年份	企业数量总计(个)	本文识别法		FN 识别法		CHK 识别法	
		数量(个)	比例(%)	数量(个)	比例(%)	数量(个)	比例(%)
2001	157 515	31 021	19.7	22 454	14.3	119 216	75.7
2002	171 347	33 475	19.5	22 322	13.0	129 257	75.4
2003	186 832	31 221	16.7	20 725	11.1	135 983	72.8
2004	265 959	28 556	10.7	20 787	7.8	200 216	75.3
2005	261 113	28 646	11.0	27 835	10.7	188 195	72.1
2006	295 859	29 843	10.1	28 346	9.6	214 292	72.4
2007	333 062	35 292	10.6	27 809	8.4	233 227	70.0
年份	企业资产总计(亿元)	资产(亿元)	比例(%)	资产(亿元)	比例(%)	资产(亿元)	比例(%)
2001	124 202.4	28 295.2	22.8	23 123.6	18.6	98 477.0	79.3
2002	138 679.2	31 213.4	22.5	23 317.6	16.8	111 654.4	80.5
2003	161 325.3	29 616.0	18.4	21 961.5	13.6	121 898.4	75.6
2004	209 061.5	28 315.1	13.5	22 463.3	10.7	142 712.5	68.3
2005	235 565.9	310 01.0	13.2	28 744.6	12.2	172 354.2	73.2
2006	282 543.3	31 418.2	11.1	28 736.3	10.2	205 718.9	72.8
2007	346 397.6	34 242.1	9.9	30 392.1	8.8	242 715.5	70.1

资料来源:黄少卿、陈彦(2017)。

因此,我们用中国上市公司数据做了一个补充研究,上市公司是一个具有很强特殊性的样本,首先,地方政府通常都会把它认为有竞争优势或者说大型的国有企业来扶持上市。与此同时,当它们出现问题以后,因为中国上市公司壳资源价值的存在,地方政府又不愿意让它们退出市场。所以我们发现一个很有意思的现象，从 2000 年到 2015 年总体来讲，中国上市公司中僵尸企业的数量呈现不断累加的过程。除个别年份，比如 2007 年的时候，因为此前股市急剧上升，导致那一年出现了大规模资产重组活动，有很多有价值的资产被注入很多壳资源上市公司中来；另外，2010 年，受 4 万亿投资刺激计划影响，上市公司中僵尸企业数量也出现了减少。但是，短期效应消失后，僵尸企业数量又都回到了原来的水平(见表 12.2)。另外，上市公司僵尸企业资产占比最低的时候在 7%左右，最高的时候达到 14%，在 7%到 15%之间波动。不过，这个比例波动没有多大的参考价值，因为虽然僵尸企业的量在增加，但是分母，上市公司总数这些年的变化也比较大。

表 12.2　2000—2015 年中国上市公司中僵尸企业的数量及其占比

年份	上市公司数量总计(个)	本文识别法		FN 识别法		CHK 识别法	
		数量(个)	比例(%)	数量(个)	比例(%)	数量(个)	比例(%)
2000	1 016	185	18.2	37	3.6	657	64.7
2002	1 165	270	23.2	62	5.3	725	62.2
2004	1 330	283	21.3	75	5.6	763	57.4
2006	1 398	363	26.0	90	6.4	818	58.5
2007	1 492	283	19.0	65	4.4	1 022	68.5
2008	1 564	349	22.3	138	8.8	1 044	66.8
2009	1 652	363	22.0	172	10.4	1 463	88.6
2010	1 994	287	14.4	82	4.1	1 550	77.7
2011	2 266	274	12.1	95	4.2	1 601	70.7
2012	2 419	365	15.1	128	5.3	1 714	70.9
2013	2 415	430	17.8	126	5.2	1 784	73.9
2014	2 531	414	16.4	142	5.6	1 807	71.4
2015	2 744	397	14.5	151	5.5	2 108	76.8

资料来源：黄少卿、陈彦(2017)。

我们也可以看一下僵尸企业在地区之间的分布,2001 年,僵尸企业最多的地区是中部地区,无论是资产占比还是数量占比。到 2007 年情况出现了一些变化,数量占比西部地区成为最高的地区,而资产规模占比东北地区已经成为最高的地区了。而且可以看到,中部地区在这几年之间,无论是数量还是资产规模的占比都有一个非常明显的下降。根据我们另外一个研究,发现一个有趣的事,恰恰就在这 6、7 年间,中部地区的 TFP(全要素生产率)有一个明显的改善。当然我们不能说这两者之间一定有直接的联系,但是最起码这两个现象确实在同一个时间段里发生了。所以也可能能暗示我们,僵尸企业问题的改进确确实实可以帮助改善经济效率。

僵尸企业分布的另一个重要特征是国有企业占比最高。从僵尸企业在不同所有制企业中的分布可以看出,2001—2007 年,国有企业中僵尸企业的数量和资产占比始终都是最高的,2001 年数量占比接近 45%,而资产占比也是超过了 33%。2007 年,虽然两者都有所下降,但是依然在各类所有制中是最高的。而私营企业中这两个占比从 2001 年到 2007 年都是最低的。如果从另外一个角度来看,即在所有僵尸企业中不同所有制企业的占比(见表 12.3),国有僵尸企业占全部僵尸企业的比重,2001 年为 46%,而资产占得更高,达到了 59%,即,在 2001 年有超过一半的僵尸企业资产在国有企业手里面。2007 年有所变化,国有僵尸企业的资产依然占全部僵尸企业资产接近 30%,但是,国有僵尸企业的数量占整个僵尸企业的比例已经只有一成了。换言之,国有僵尸企业用一成的数量贡献了三成的僵尸资产;而私营企业则用三成的数量贡献了一成的僵尸资产。我们发现,私营僵尸企业数量在 2001—2007 年这几年有一个非常迅速的增长，而其中主要是大量的小型和微型私营企业成为了僵尸企业。

表 12.3　中国工业企业中僵尸企业的数量和资产规模的占比(分所有制，%)

所有制	2001		2002		2003		2004		2005		2006		2007	
	数量	资产	数量	资产	数量	资产	数量	资产	数量	资产	数量	资产	数量	资产
国有	44.6	33.6	49.3	33.1	50.4	29.2	41.4	21.1	45.8	19.8	43.1	14.8	38.0	11.9
集体	14.8	18.8	16.1	19.0	15.1	15.7	11.8	13.4	12.5	13.3	12.2	12.7	13.3	11.4
港澳台	16.3	16.4	18.4	16.8	16.8	13.2	11.3	9.5	12.4	10.9	12.2	10.6	15.0	10.5
外资	14.0	13.9	14.2	13.9	13.2	11.1	9.3	8.2	10.3	9.6	10.5	9.3	12.9	9.3
私营	6.2	9.2	6.2	8.2	6.0	8.0	4.2	6.4	4.9	6.5	5.2	6.8	6.5	7.6
其他	18.5	16.2	19.0	17.8	17.4	14.7	12.0	12.9	12.5	12.5	12.2	11.0	12.9	9.5

资料来源：黄少卿、陈彦(2017)。

我们还可以看一下在产业结构方面僵尸企业的一些变化。可以看到，个别行业波动比较大，像烟草行业早期僵尸企业占比非常高，2007 年已经非常低了。有的行业占比则是很稳定排在前面的，比如钢铁行业、非金属矿业、造纸、食品、交通运输设备等等，占比始终都是相当高的。

二、产业政策和僵尸企业间的关系

下面，我们来讨论一下产业政策和僵尸企业之间到底有什么样的关系？经验上，产业政策是不是对僵尸企业在不同产业间分布的这种差异造成了影响。从表 12.4 可以看到，在 2001 年和 2007 年，僵尸企业的数量和资产规模占比的平均数上排在前 14 的行业里面，有 6 个行业在“十一五”规划和“十二五”规划中被列为重点产业。当然，重点产业不局限于这些，它们只是僵尸企业数量和资产占比排在前 15 位中的重点产业。

表 12.4　僵尸企业数量占比率前 14 位的产业中的国家重点产业

序号	行　业	2001—2007 年僵尸企业数量占比平均数	2001—2007 年僵尸企业规模占比平均数	是否被十五计划选为重点产业	是否被十一五计划选为重点产业	是否被十二五计划选为重点产业	总　计
1	烟草制造业	31.16%	18.20%				0
2	化学纤维制造业	26.62%	30.40%				0
3	饮料制造业	26.54%	20.76%				0
4	印刷业和记录媒介的复制	26.30%	19.40%				0
5	专用设备制造业	25.79%	35.68%	√	√	√	3
6	食品制造业	24.20%	18.47%				0
7	农副食品加工业	23.25%	22.93%	√	√	√	3
8	非金属矿物制品业	21.98%	31.52%				0
9	通用设备制造业	20.95%	34.17%	√	√	√	3
10	交通运输设备制造业	20.68%	26.39%	√	√	√	3
11	纺织业	20.06%	25.71%	√	√	√	3
12	仪器仪表及文化、办公用机械制造业	19.32%	26.38%				0
13	橡胶制造业	18.99%	37.81%				0
14	化学原料及化学制品制造业	18.92%	25.44%	√	√	√	3

资料来源:作者整理。

我们也发现，中国产业政策的实施确实是到位的。因为列为重点产业的产业的确得到了政府更多的补贴以及更强的产业政策支持。比如，获得政府更多支持的行业有化学原料、化学制品、医药、通信设备等等。我们之所以认为它们得到了政府的重点扶持，是因为统计表明，在这些行业内，有更多企业拿到了政府补贴。我们也用这个指标来衡量一个行业是不是得到了政府重点扶持。用这个指标来作为产业政策的代理变量，也是 2015 年 Aghion 等人发表在 AEJ 的文章所用来度量产业政策强度的一种方法。当然这不是他们唯一的指标，他们也用了其他的指标，而这个是他们最重要的对产业政策强度的衡量方式。由此，我们也通过经验计量分析，来考察产业政策对于行业僵尸企业数量占比是不是产生了影响。

(一) 行业层面的计量分析

首先，我们用僵尸企业在行业的数量占比作为解释变量，用该行业得到补贴的企业数量占比作为度量产业政策强度的代理变量，把它作为解释变量。我们的回归分析发现了一个有意思的现象：产业政策对于滞后三期以后，即滞后三期、四期、五期的行业僵尸企业数量占比，都有一个正的影响，而且，分别在 5%和 1%的水平都是显著的。这样的结果并不因为我们用不同的(固定效应或随机效应)回归模型而有变化。这个结果意味着，在扶持型产业政策实施以后，从第三年开始，会对这个行业僵尸企业的增加产生一个非常明显的正向作用，即会提高僵尸企业数量的占比。

为了证明上述结果的稳健性，我们换一个指标作为产业政策的代理变量，用一个行业单位产值所得到政府补贴的数量，作为替代性的产业扶持强度指标。新的回归结果不如前一个指标的

表 12.5　获得政府补贴的行业企业数量占比对行业僵尸企业数量占比的影响

解释变量	被解释变量　当期僵尸企业数量占比($zombieperc_{i,t}$)							
	固定效应				随机效应			
$govsubperc_{i,t-2}$	−0.009**				−0.040**			
	(−0.55)				(−2.47)			
$govsubperc_{i,t-3}$		0.033**				0.047**		
		(2.11)				(2.37)		
$govsubperc_{i,t-4}$			0.054**				0.047**	
			(2.44)				(2.38)	
$govsubperc_{i,t-5}$				0.081***				0.119***
				(2.72)				(4.78)
$ownership_{i,t}$	0.064***	0.132***	0.050***	0.048***	0.095***	0.024***	0.060***	0.056***
	(7.12)	(15.28)	(4.40)	(3.56)	(10.51)	(2.16)	(5.65)	(4.67)
时间固定效应	Y	Y	Y	Y	N	N	N	N
省份固定效应	Y	Y	Y	Y	N	N	N	N
行业固定效应	Y	Y	Y	Y	N	N	N	N
拟合优度 R^2	32.84%	31.01%	31.93%	31.81%	5.76%	3.82%	4.06%	5.71%
观察值个数	4 337	3 445	2 555	1 694	4 337	3 445	2 555	1 694

资料来源:作者自制。

结果好。但是，我们依然发现，在固定效应模型之下，第四期、第五期同样得到了前面模型相似的结果，即产业扶持强度越强的行业，在经过四年以后，那么，它的僵尸企业数量就会提高上来。

（二）企业层面的计量分析

我们再来看行业的情况，在行业内得到政府补贴的企业数量占比。可以看到，如果这个行业得到政府补贴的企业数量越高，它越有可能提高这个行业类企业成为僵尸企业的占比。当然也有其他影响的因素，比如这个行业国有企业数量占比，由于国有企业承担了相应政策性负担，为了缓解政策性负担带来不公平竞争的问题，往往给国有企业补贴。在这个背景之下，我们简单用政府补贴作为产业政策代理变量来做回归分析，很可能这里会存在遗漏变量的问题，所以我们把国有企业比重控制住，这相当于控制住了补贴当中，有一部分回归结果是来自国有企业的因素，即国有企业自身会导致僵尸企业数量占比提高。我们的确看到，如果国有企业在整个行业当中比例更高时，会导致这个行业当中某个企业变为僵尸企业的概率提高。我们还设置了一个控制变量，就是行业集中度，因为集中度会影响到行业竞争程度。如果这个行业竞争越不激烈，即越垄断在某些企业手里，越有可能导致那些市场势力比较弱的企业，它们处在不公平竞争环境下，从而更容易沦落为僵尸企业。

回归结果可以看到，无论是当期的，还是滞后于一期、两期、三期的产业政策强度衡量指标，其提高行业内企业变为僵尸企业概率的效应都是存在的（见表 12.6）。换言之，产业政策本身对于这个行业内企业成为僵尸企业，有显著的正向带动作用。同样，我们也把产业政策强度的代理变量做了一个变化，变为“行业单位产值拿到政府补贴数量”，对比其回归结果，我们依然发现这个效应是存在的。

表 12.6　获得政府补贴的行业企业数量占比对行业内企业成为僵尸企业概率的影响

解释变量	被解释变量　是否为僵尸企业($zombie_{i,t}$)						
$govsubperc_{i,t}$	0.811***	0.675***	0.660***				
	27.64	22.82	22.32				
$govsubperc_{i,t-1}$				0.806***			
				23.86			
$govsubperc_{i,t-2}$					0.886***		
					22.62		
$govsubperc_{i,t-3}$						1.019***	
						21.35	
$govsubperc_{i,t-4}$							0.834***
							13.27
$ownership_{i,t}$		0.384***	0.328***	0.296***	0.254***	0.156***	0.142***
		37.13	30.35	23.47	14.16	8.68	6.21
$concentration_{i,t}$			0.238***	0.255***	0.230***	0.244***	0.251***
			17.82	16.47	15.59	11.28	8.95
时间固定效应	Y	Y	Y	Y	Y	Y	Y
省份固定效应	Y	Y	Y	Y	Y	Y	Y
行业固定效应	Y	Y	Y	Y	Y	Y	Y
R^2	5.35	5.47	5.50	5.69	5.54	5.26	4.98
观察值个数	1 548 347	1 548 347	1 548 347	1 076 414	755 116	501 401	297 665

资料来源:作者自制。

与此同时，我们还增加了产业政策的另外一个刻画维度。前面分析的产业政策指标，即这个行业内有多少企业拿到了补贴、这个单位产值得到多大规模的补贴，它们都是反映在产业政策在产业之间的强度的变化。但是产业政策还有一个维度，即补贴在产业内部是集中给某些企业，还是比较公平地让所有的企业都能普惠性地拿到这个补贴？这是不一样的。按照 Aghion 等人(2015)的分析，如果补贴能够更加多地在产业内分配，很可能会促进这个产业内部竞争强化，从而会导致生产效率提升，由此会对僵尸企业分布带来相对的影响。回归分析得到的结果与我们所设想要得到的结果并不一样。我们发现，随着补贴分散程度越高，意味着反映集中度的赫芬达尔指数越低，这里得到僵尸企业的数量反而增加了。这个问题我们后面还想再做进一步研究，到底这是什么机制导致的。

(三) 产业政策对生产率的影响

最后，我们想看一下，如果说扶持性产业政策会导致经济中存在更多的僵尸企业，那么，它是通过什么渠道走过去的呢？我们的一个预想是，扶持性产业政策必然在生产率上有一个负面的影响。由此，我们也做了一个总体的估算。我们可以看到，从 2001 年到 2007 年僵尸企业和非僵尸企业在生产率方面的差别。首先，资本边际产出价值的分布上，无论是 2001 年还是 2006 年，僵尸企业的资本边际产出价值的均值都比非僵尸企业的更低，而且僵尸企业是负值，非僵尸企业是正值。另外，在标准差方面，僵尸企业资本的边际产出价值在大部分年份比非僵尸企业的标准差要来的更大。换句话说，就是僵尸企业内部的资源配置的差异度、效率的差异度也是非常明显的(见表 12.7)。我们可以看一下反映 2006 年情况的这张图(见图 12.1)，不但均值方面，僵尸企业比非僵尸企业要更小,而且分布方面也稍显更大。到2006年,僵尸企业内部资源配置的离散程度已经有所收敛了,但是依然是更差。

表 12.7　僵尸企业与非僵尸企业资本产出率的比较

		均　值	中位数	S.D.	75-25	90-10
2001	僵尸企业	−0.50	−0.46	1.22	1.59	3.14
	非僵尸企业	0.55	0.56	1.22	1.55	3.07
2002	僵尸企业	−0.47	−0.44	1.26	1.65	3.24
	非僵尸企业	0.56	0.55	1.20	1.54	3.02
2003	僵尸企业	−0.46	−0.45	1.23	1.61	3.15
	非僵尸企业	0.50	0.48	1.18	1.51	2.98
2004	僵尸企业	−0.40	−0.41	1.22	1.58	3.14
	非僵尸企业	0.49	0.46	1.22	1.58	3.10
2005	僵尸企业	−0.34	−0.37	1.21	1.59	3.12
	非僵尸企业	0.41	0.38	1.18	1.55	3.01
2006	僵尸企业	−0.28	−0.32	1.20	1.59	3.07
	非僵尸企业	0.40	0.38	1.18	1.57	3.02

资料来源:陈彦(2017)。

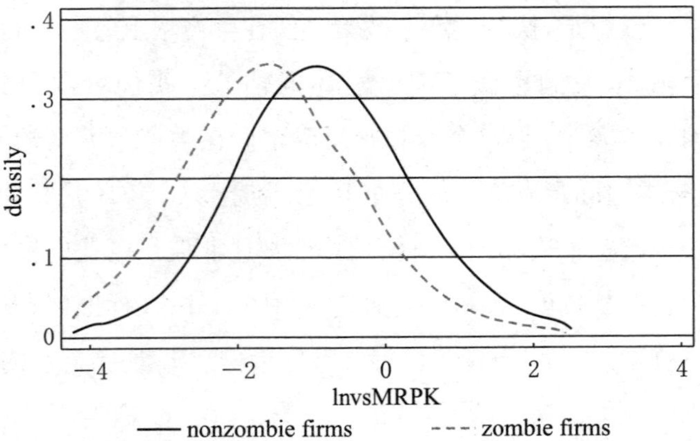

图 12.1　2006 年僵尸企业与非僵尸企业资本产出价值之比

资料来源:陈彦(2017)。

从劳动生产率角度来看，依然会发现僵尸企业和非僵尸企业同样有类似于资本边际产出价值的差异。但是劳动生产率方面僵尸企业和非僵尸企业的差距要更小一些。

最后，我们做了一个反事实推导：假如僵尸企业无论是资产的边际产出率还是劳动边际产出率，都能够达到非僵尸企业类似的分布状况，换句话说，如果它们面临同样的生产要素价格的话，那么，会实现多高的 TFP 增长呢？估算发现，如果同时改进 K 和 L 的配置，那么，TFP 在 2001 年可以提高 55%。在 2002 年可以提高 57%。到 2006 年依然可以提高 56%。显然，如果僵尸企业能够提高它所占用的生产要素的使用效率，或者把这些生产率要素让度出来，让更加高效率的企业来使用，那么，这对于中国经济效率的改进将会产生实质性的积极影响。

三、从僵尸企业入手提高中国经济的效率

斯坦福大学星月雄教授认为，中国目前的状况和日本在若干年以前有非常相似之处，他希望中国最好不要出现像日本那样，最终发生了金融的泡沫破裂。如果出现那种情况的话，中国经济将要承受更大的痛苦和代价。那么，我们能不能在这个泡沫破裂之前就采取一些措施来改进中国经济的效率呢？笔者以为，至少从僵尸企业这个问题上来看，我们的确可以未雨绸缪，做一些预防性的准备工作，从根本上降低危机发生的可能性。

为此，笔者基于前述分析提出两个政策建议：第一个建议是，我们现在的确看到，中国现在的产业政策，包括通过政府补贴、税收减免、信贷补贴等等，的确提高了低效率企业，甚至僵尸企业退出市场的机会成本。当那些本来生产效率低于某一个水平，就应

该离开市场的企业,现在就选择不离开了。除非它的效率低到某个更低水平才会离开。所以,产业政策让一部分低效率企业留在市场,降低了僵尸企业的退出率,从而降低了整个行业乃至整个中国经济的生产效率。如果要加快僵尸企业从市场的退出,首先要退出的是中国长时间所实行的选择性、扶持性产业政策,如果这样一种产业政策不退出,僵尸企业退出的步伐就很难加快。

第二个方面的政策含义是基于我们的另一个发现。我们虽然发现有很多国有僵尸企业、大型僵尸企业一直在市场中僵而不死。但与此同时,我们发现还有大量僵尸企业是小微僵尸企业,这部分僵尸企业恰恰不是国有企业,而是民营企业。为什么这么多并没有得到多少补贴的小微僵尸企业不选择退出市场?我们猜测,这可能是在中国破产成本过高所致。我们的研究还在进行中,我们希望后面能把这个因果关系做得更加可靠。

现今,政府强调通过"双创"(大众创业、万众创新)来形成中国经济的新动力,强调中国经济要走向一种创新型经济。创新型经济一定是创业型企业高进入率、同时也是失败的创业型企业高退出率的一种经济。当出现技术革新时,某个阶段一定有大量企业要进入市场。与此同时,那些经过市场检验后,证明自己创业的创意或者说对于市场的把握失败的那些创业型企业,就应该尽快从这个市场上退出。如果有一个更畅通的退出机制的话,它对企业进入也会产生更好的作用。因为那些小微僵尸企业所占用的人力资本、人才和资金可以更快地转移给新进入企业。

中国《企业破产法》虽然当年曾经考虑要引入简易破产程序,但是最终并没有把这个写进《企业破产法》。所以,我们也想再呼吁一下,应该考虑对《企业破产法》进行修订,把简易破产程序引入进去,加快小微僵尸企业退出市场的步伐。

最近，研究中国经济的 Brandt 教授及其合作者有一篇论文(Brandt et al.，2016)讲到了一个观点，他认为，中国不同地区的企业进入速率对于不同地区的经济发展水平产生了重要影响。我们在这里想强调另外一个视角，即进入方面的障碍会影响生产率，其实退出也是一样的。如果政府的政策、如果现有的法律不利于企业退出，换言之，因为通过产业政策提高了僵尸企业的退出成本，因为《企业破产法》实施成本比较高，阻碍了小微企业的退出，同样会对生产率产生不利影响。那么，如果现在中国政府在这些方面采取相应的制度变革和政策调整，对于中国经济下一步发展，对于中国经济更加健康发展，就一定会带来积极作用。

参考文献

Aghion，P.，J. Cai，M. Dewatripont，L. Du，A. Harrison，P. Legros，2015，“Industrial Policy and Competition”，*American Economic Journal：Macroeconomics*，7(4)：1—32.

Brandt，L.，G. Kambourov，K. Storesletten，2016，“Firm Entry and Regional Growth Disparities：The Effect of SOEs in China”，University of Toronto mimeo.

陈彦：《中国的僵尸企业：识别、成因与影响》，上海交通大学硕士学位论文，2017 年。

黄少卿、陈彦：《中国僵尸企业的分布特征与分类处置》，载《中国工业经济》2017 年第 3 期，第 24—43 页。

第13章
中国制造业企业的产能过剩与僵尸企业问题

申广军

从2010年开始，中国经济增速持续放缓。此后产能过剩的问题就非常迅速而集中地暴露出来。2015年中央经济工作会议列出2016年五项主要经济任务，就是我们常说的“三去一降一补”，其中去产能被列为第一项，可见是非常重要的任务。对于如何去产能，执行过程有很多具体的措施，这些措施的效果怎么样，有待以后进行评估。这里仅分析一下僵尸企业和产能过剩之间的关系。

很多政策界人士都认为僵尸企业和产能过剩问题是紧密联系的。比如刘鹤说，“要……加快淘汰‘僵尸企业’，有效化解过剩产能”。徐绍史也说，“必须积极稳妥处置僵尸企业，这是化解产能过剩的牛鼻子”。从政策界人士发言可以看到，他们认为处置僵尸企业是化解产能过剩问题的抓手。关于僵尸企业的一些学术研究，比如何帆老师和聂辉华老师的研究，也都指出僵尸企业会导致产能过剩问题。所以，僵尸企业与产能过剩的关系看似已经达成共识,但是运用实际数据分析这两个问题之间关系的研究还是比较少的。如果有的话,一般也是加总到行业层面或者地区层面进行分析。我们这篇文章是想深入到企业层面来看一下僵尸企业和过剩产能的联系。

要看僵尸企业和过剩产能的联系,首先要把过剩产能计算出来,要把僵尸企业识别出来。关于如何识别僵尸企业,前文已有论述。这里大概说一下如何来刻画产能过剩。过剩产能最基本的指标当然就是产能利用率,它等于实际的产量除以潜在的产能。企业数据一般会直接报告实际产量,但问题在于,我们一般不知道企业的潜在产能,所以要根据数据进行推算。文献中主要有这样几种方法,比如说峰值法、生产函数前沿等等。当然还有其他指标来间接地衡量产能过剩,比如产品销售和库存比:如果企业生产出来的产品,大多数在库存里积压了,就可以认为这个企业产能过剩,因为它生产的东西卖不出去。当然还有一些更间接的指标,比如价格或者利润率的变化也都能反映出企业产能过剩的情况。

本文主要使用成本函数的方法来计算企业的潜在产能,具体方法可以参考我们发表在 *China Economic Review* 的文章,这里不做过多介绍。基本思想是,假设成本函数是 U 形曲线,这个曲线的形状和位置会受到企业资本、劳动生产率等影响,通过估计这样一个超越对数的成本函数估算企业最优产能,很容易计算出企业层面的产能利用率。

先看一下我国制造业企业产能利用率的分布情况。图 13.1 以北京市为基准,比较了各省产能利用率与北京市的情况。最明显的特征是,三个区域的产能利用率低于北京:东北地区(显著地低 2 个百分点或更多);河南、湖北、安徽等中部地区的省份;西部大部分省份(贵州和新疆最为显著)。广东省和华东地区的产能利用率显著高于北京。产能利用率的分布情况与僵尸企业的分布情况基本一致,也说明二者存在紧密的联系,即僵尸企业可能是产能过剩的主要来源。

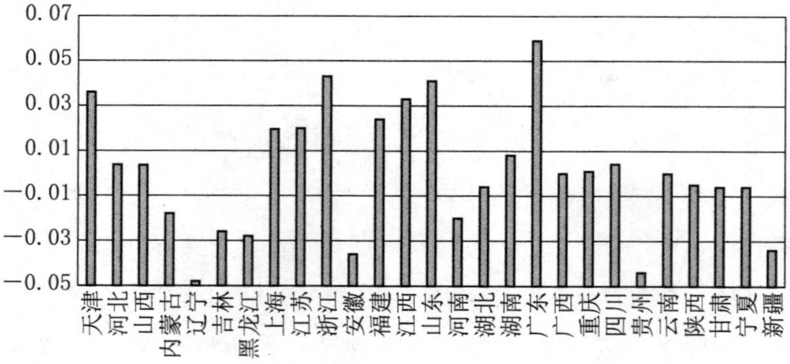

图 13.1　各省产能利用率(与北京比较)

我们还做了分行业的图,因为只是集中于制造业,所以很遗憾看不到采矿业的产能利用率问题。但是,可以看到大家讨论比较多的钢铁行业,产能利用率确实比较低。产能过剩问题更严重的两个行业,一个是石油化工行业,一个是电子设备行业。电子设备行业产能利用率比较低,具体的原因有待更多分析,我们觉得可能是出口市场情况不好导致的。

最后我们比较不同所有制企业的产能利用率的分布情况,图 13.3 是四大产能过剩行业内三类企业产能利用率的概率密度图(我们在分布两端进行了 2%的缩尾处理)。整体来讲,三类企业产能利用率都以大概 70%为中心呈现正态分布(略有正偏)。产能利用率分布的左半边,国有企业出现的概率远高于私营企业和外资企业,说明更大比例的国有企业正在经历产能过剩的过

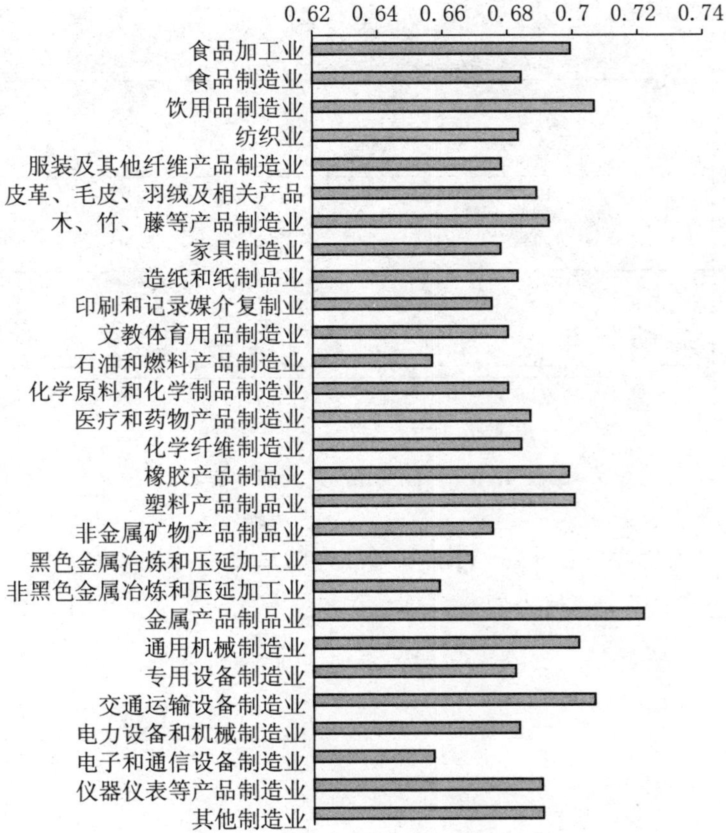

图 13.2　分行业的产能利用率

程。这可能是由于国有企业经营绩效更差，也可能是由于国有企业更难退出市场，并且经常承担着保障就业、维护社会稳定等政治任务。在分布的右半边，国有企业和私营企业较为接近，而外资企业的概率密度更高。也就是说，更大比例的外资企业有着较高的产能利用率，而产能利用率较高的内资企业比例较低：国有企业更多地集中于左端（产能利用率较低），而私营企业则集中于分布的中段（产能利用率一般）。

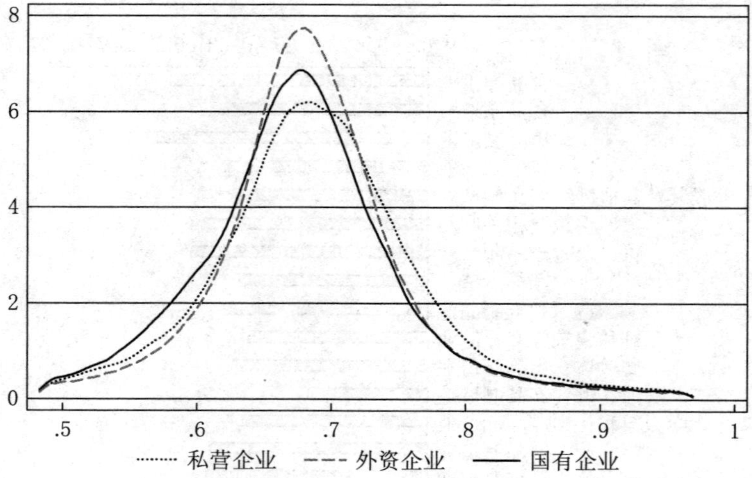

图 13.3　产能利用率的所有制差异

关于僵尸企业,我们跟大家计算的结果差不多,所以就不再赘述,这里主要讨论僵尸企业和产能过剩之间的联系。首先看一下描述性的情况。图 13.4 比较了僵尸企业和非僵尸企业的产能

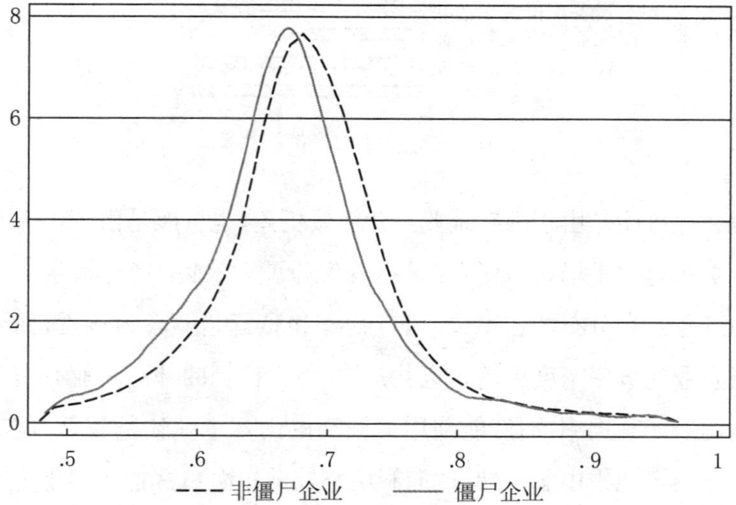

图 13.4　产能利用率的分布

利用率的分布情况。概率密度图清晰地表明，僵尸企业的产能利用率分布更加偏左，均值显著低于非僵尸企业。为了更准确地分析僵尸企业和产能利用率的联系，我们还分行业和分地区比较了僵尸企业和非僵尸企业的产能利用率。虽然不同行业和地区存在较大的差异，但是绝对大数行业和地区非僵尸企业的产能利用率都显著高于僵尸企业，平均高 1—2 个百分点。也就是说，僵尸企业一般也是产能过剩的企业。

僵尸企业不仅自己的产能利用率比较低，还可能会影响到同一个地区、同一个行业的正常企业的产能利用率情况。我们做了一个相关性的图，图 13.5(A)是分省的散点图，图 13.5(B)是分行业的情况，可以看到平均产能利用率和僵尸企业比例是高度负相关的。也就是说，一个地方或者行业的僵尸企业比例越高，这里的正常企业的产能利用率就会更低。

接下来我们做了一些实证分析，来回答以下几个问题：(1)僵尸企业的产能利用率低于正常企业吗？(2)僵尸企业是不是会影响到正常企业的产能利用率？(3)如果产生这种影响，这个影响是通过什么渠道传导的？

关于第一个问题，我们做一个简单的回归。因变量是企业的产能利用率，解释变量为“企业是否僵尸企业”虚拟变量。回归系数是负的，说明僵尸企业的产能利用率比较低。我们还用其他三个指标进行了分析，第一个是库存和产出的比值，第二个是销售和产出的比值，第三个是销售利润率。可以看到，僵尸企业生产出来的东西，库存的比例更高，销售出去的比例更低，并且它的销售利润率比较低。样本企业平均的销售利润率基本也就 7%左右，而这里的系数－6.8，这意味着僵尸企业的销售利润率是接近零的。

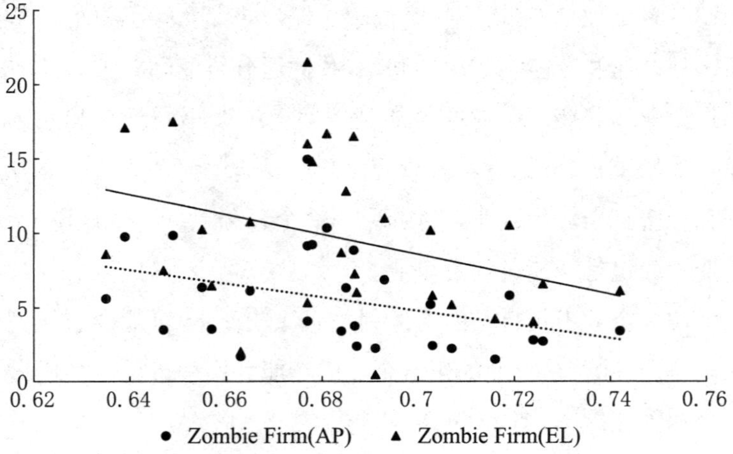

(A) 省层面

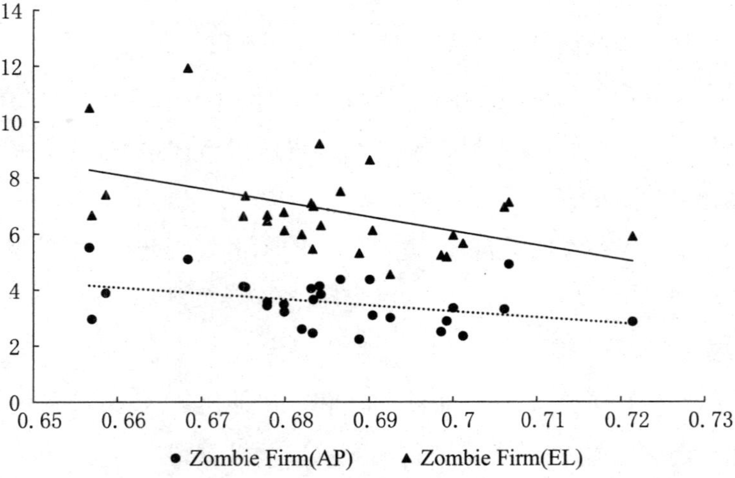

(B) 行业层面

图 13.5　产能利用率与僵尸企业比例

注:横轴是省/行业层面的平均产能利用率,纵轴是对应的僵尸企业比例。

表 13.1　僵尸企业与产能利用率的关系

	因变量:产能利用率		
	(1)	(2)	(3)
Panel A:基准回归			
僵尸企业	−0.403**		−0.762***
	(0.186)		(0.244)
僵尸企业(定义 2)		−0.112***	
		(0.004)	
观测值	349 815	361 083	361 311
R^2	0.044	0.044	0.075
Panel B:其他指标			
	库存产出比	销售产出比	销售利润率
僵尸企业比例	2.264***	−0.585**	−6.841***
	(0.270)	(0.255)	(0.268)
观测值	366 633	370 048	363 160
R^2	0.148	0.912	0.195

刚才的分析回答了第一个问题,僵尸企业的产能利用率确实比较低。当然,这里只是一个相关性的分析,并不是因果性研究,因为僵尸企业和产能过剩之间的因果关系是比较复杂的,所以我们只能说,僵尸企业同时也是产能过剩的企业。但是,我们也发现僵尸企业和正常企业的产能利用率的差别并不是很大。从上面的分析来看,二者相差大概 0.4 个百分点,虽然这在统计上很显著,但是在经济含义上不是特别明显。我们分析认为,有三个原因导致上述分析低估了僵尸企业和正常企业的产能利用率的差距。首先,我们关注的样本时间是 2011 年到 2013 年,但是产能过剩的问题是 2013 年,尤其是 2015 年以来才变得更加严重。第二,可能存在样本选择的问题。我们使用的数据是规模以上企业数据库,所以有些僵尸企业虽然僵而不死,但如果它的销售额掉到 2 000 万以下,就会退出这个数据库,这样会导致我们估计

的差距比较小。第三,僵尸企业不仅自身的产能利用率比较低,还会影响到正常企业,这是下面分析的内容。被解释变量是城市—行业层面正常企业产能利用率的均值,解释变量是这个城市—行业的僵尸企业的比例。可以看到,如果一个地区或者一个行业的僵尸企业比例提高一个百分点,正常企业的平均产能利用率就会下降接近两个百分点,这个影响是非常大的。我们在企业层面做了同样的分析,发现健康企业确实会被本地的一些僵尸企业所拖累。这些分析回答了上面第二个问题。

表 13.2 僵尸企业对正常企业产能利用率的影响

	因变量:城市—行业层面平均产能利用率		
	(1)	(2)	(3)
僵尸企业比例	−1.909***		−0.854**
	(0.147)		(0.409)
僵尸企业比例(定义 2)		−1.377**	
		(0.590)	
观测值	14 208	13 866	14 313
R^2	0.169	0.169	0.275

为什么僵尸企业会影响到本地区同行业的正常企业呢?这是上面第三个问题。我们做了一些初步的分析,考察僵尸企业在获得资源方面是否挤出了正常企业。分析结果报告在表 13.3。Panel A 分析的基本结论是,僵尸企业获得补贴更多,所得税率更低,增值税率没有显著差别,可能是由于增值税的征管比较严格。僵尸企业能够借到更多的钱,资产负债率比较高。然后我们分析,如果一个地方或者行业的僵尸企业比较多,这里的正常企业在获得资源时会不会受到影响?Panel B 回归的结果跟我们的预期一致。如果这个地方僵尸企业比例比较高,正常企业就更难获得补贴,也不容易借到钱。并且,正常企业缴的税比较多,可能

是因为地方财政必须有一定的收入才能维持政府运行，僵尸企业交的税少，那就得从别的企业把这部分财政收入找补回来，当然就是正常企业承担了。

表 13.3　僵尸企业对资源获取的影响

	补贴收入比	所得税率	增值税率	资产负债率	融资成本
	(1)	(2)	(3)	(4)	(5)
Panel A：全样本					
僵尸企业	0.031***	−0.001***	−0.001	0.097***	0.001*
	(0.007)	(0.000)	(0.000)	(0.028)	(0.001)
观测值	390 192	351 969	376 077	378 960	364 945
R^2	0.002	0.126	0.253	0.411	0.019
Panel B：正常企业					
僵尸企业比例	−0.005***	0.004***	0.001*	−0.003***	−0.001
	(0.001)	(0.001)	(0.001)	(0.000)	(0.002)
观测值	358 227	344 273	320 844	346 888	332 742
R^2	0.002	0.256	0.127	0.409	0.020

总结一下，我们这篇文章的主要内容包括以下几点：首先，产能过剩问题主要集中在东北和西部地区，集中在重化工行业，并且国有部门的问题比较严重。其次，僵尸企业和产能过剩问题在分布上是比较一致的，也就是说，僵尸企业本身是产能过剩的企业。最后，僵尸企业不仅自身的产能利用率低，也会影响本地区同行业正常企业的产能利用率，这个影响是通过挤出效应体现的。本文的分析主要看僵尸企业是不是在获取资源方面有更多的优势，我们以后还要分析僵尸企业在获得市场方面是不是也对正常企业有挤出的效果。

第四篇

混合所有制改革与国企内部激励兼容机制的引入

第 14 章
市场环境与国企改革

章 奇

今天我主要想谈一下软预算约束问题。这个问题很多人已经谈过了。像企业高杠杆、高负债，许成钢老师在无数场合提过很多次，包括其他专家也谈到了，最终都来源于软预算约束的问题。所以软预算约束是创造问题、铺开问题、引来更多问题，然后变成更大的问题这样一个过程。

科尔奈等学者发明了软预算约束概念，主要讨论计划经济体制下国有企业问题。随着人们认识的深入，后来不仅把这个概念用于分析国有企业问题，还分析中央政府和地方政府之间的关系，例如地方政府负债问题。问题在于，为什么会存在软预算约束？软预算约束实际上意味着对资源的无休止消耗，这样一个过程从长远来看是没有人能够一直承担得起的，这样一个问题却一直都能够存在，所以问题的关键在于为什么这个软预算约束问题会存在。

传统的软预算约束理论认为是计划经济体制下的计划当局对国有企业的“父爱主义”导致预算软约束。这实际上是说软预算约束是所有制问题,进一步构成了第一代国有企业改革的理论基础。但随着计划体制的解体和市场化改革的推进,无论是在原苏联及东欧国家,还是在中国,预算软约束现象仍然大量存在。甚至在一些市场经济国家,例如韩国、美国等,这个现象也并非罕见。这就把引导人们对这一问题的认识进一步深入到企业运行所处的市场环境。换言之,所有制可能只是表象,更重要的是企业是否面临一个充分竞争的市场环境并受其约束。例如,如果企业不是根据市场竞争条件进行经营决策,而是被(政府)施加了一个外生的政策任务的话,那么这就导致企业的经营绩效和它的经营能力不相关,而政府反而因为向企业分配了政策任务而必须承担支援企业的责任。这一理论的推论也很清楚,即在一个充分竞争的市场环境下,很难存在软预算约束的问题。反之,则肯定会存在软预算约束问题。包括林毅夫教授所分析的政策性负担问题,他的出发点是要回到一个充分竞争的环境中去,也就是先解除企业的政策性负担,让它们在充分市场竞争条件下自主经营、自负盈亏。这个基本逻辑我认为是没错的。

归纳起来,目前大多数研究对于软预算约束的分析主要包括:第一,不仅仅是企业,任何社会组织在市场中以政治精英制定的政治标准,而不是以市场准则行为去配置资源的话,就有可能潜在产生软预算约束的问题。也就是说它的效率不会很高,因为它不是按照市场配置资源的原则来行使的。这是一个前提。第二,和第一个条件同时必须存在的,是政治精英选择特定的企业实行任务,这是一个比较隐含的条件。这里用了政治精英“选择”这个词,主要是说,他不需要征得你的同意。比如在计划经济条件下,政府选择什么样的企业完成赶超、保证一定的城镇就业等任务，这不是政府与企业商量做这件事情，它是命令。既然是命令，那“选择”含义，是政治精英重点选择某些特定企业完成，而不是选择所有企业来完成。

最后一条，也是大家公认的，你要把这个“游戏”玩下去，一定意味着制定这个政治标准而不是市场标准的人，或者这个集团，必须掌握足够多的资源支配能力，比如说银行贷款或者财政资源等，才能把游戏完成。也就是说，能够以政治手段保证把资源投入到符合他所指定的政治标准这样的活动中去。

所有人都认为这样一个游戏就是一个交易，即政治精英来指定任务由其选定的特定企业来完成，构成一个可置性的承诺。用林毅夫教授政策性负担的概念来说，他实际把这个作为隐含的可置性承诺。即政治精英要企业去完成这个政策任务，这就意味着前者给企业施加了一定的成本，因而前者就必须为企业所承担的成本和完成这一任务提供持续的资源支持。这是软预算约束产生的一个重要机制。

笔者认为这个逻辑可能需要比较强的前提条件才能成立。很简单，我刚才强调了这个逻辑链条中的企业没有选择权，是因为在计划经济体制下，所有的企业都是在一定程度上完成计划当局交办的任务：不光国有大企业，还有国有中小企业；不仅包括国有企业，还有非国有企业（社会性组织）；不仅包括城市，还包括农村。但事实上我们知道，在计划经济体制下有人受益，有人受损，成本和收益分配是不对称的，成本的接受者，甚至收益的获得者，在这里面的选择权都是非常小的。既然一开始选择权很小甚至没有，那么政治精英如果不兑现自己的隐性承诺，也完全是有可能的，因为企业可能并没有能力来迫使政治精英履行持续提供资源支持的承诺。这就导致谁能够获得软预算约束的待遇，并不是一个自动完成的结果。

这个集中表现在当我们进行改革的时候,所谓承担赶超任务很多的国有大企业的确是利益的获得者,而在这个赶超任务中也承担了大量成本的其他一些主体,比如说农民,比如说中小国有企业的职工,在这个利益格局中可能就被牺牲掉了。所以不存在一个可置性的承诺。换言之,即使存在一个被强加的非市场化标准或任务,导致企业负担了额外的成本,企业也不一定能够据此要求政治精英必须提供持续的资源投入,其实不是这样的。在政府面前,这些企业没有谈判能力,即使想要软预算约束的待遇亦不可得。

而之所以在现实中,有些企业还能继续得到软预算约束的支持,不仅仅在于它们承担了国家交办的任务,还在于执行任务的这些企业,这些得利者,它们自己的谈判能力也是非常强的,有能力要求政治精英给它们持续的资源投入,而不是把这些资源用在其他企业上面(尽管后者也承担了所谓的政策性负担或任务)。换言之,只有在面对政治精英时,企业的谈判能力足够强,才能持续不断得到软预算约束的待遇,否则就只能承担成本而不是获得足够的好处。

同样地,正是因为这些企业有足够的谈判能力,才意味着它有足够的能力承受道德风险,即政府交给这些企业的任务,企业可以完成,也可以不完成,但反正只要它们拿到资源,就要干对自己有利的事情。现在很多人说,软预算约束是因为政府向企业施加政策性任务,后者就可以用这个去跟前者谈判,说企业的绩效不好是因为政府交给企业的任务太没有市场价值了,让企业承担了巨大的成本,所以政府必须给企业持续提供资源,导致软预算约束。但事实上这些企业负责承担这些任务，可能不仅仅是因为政府要交给它们来完成，而是这些企业有能力去主动把所谓的负担抓到自己手里，其实这是他们谈判的筹码。这样他们就可以理直气壮地要求软预算约束的待遇。这和政府能否监测到他们是否有道德风险是两码事。哪怕政府能够事后监测到企业的行为，比如企业经营不好，和承担政策性任务没有关系，但是难道政府能够因为知道这些企业效率不高和政策性负担无关，就可以取消它们的软约束待遇吗？为什么两者不都拿这个政策性负担做幌子，在你我心知肚明的情况下，继续玩这个游戏呢？这和政府的监管能力可能有关系但也可能不是最主要的关系。产生问题的根源，还是在于这些企业有足够的谈判能力，能弄来政策性负担做掩护，也能够保证获得持续的资源投入。

至于在社会主义经济条件下，这些企业在政府面前为什么有那么强的谈判能力，这是另外一个问题。这个在文献中讨论苏联和中国的体制特点时，很多人都在聚焦这样的问题，即在社会主义经济条件下，或者强政府条件下到底有没有利益集团的问题。笔者和合作者在 Asian Survey 上发表的一篇论文讨论了这个问题。

因此，从政策性任务或负担角度出发来考虑软预算约束形成的机制，笔者认为在计划经济条件和局部性市场化条件下，这个机制可能还是存在的，但解释力却可能是有限的。

在目前的环境下，另一个非常重要的产生软预算约束的机制是所谓的联盟创建(coalition building)机制。在这一机制中，软预算约束不仅仅是政府给企业施加政策性任务造成的，从某种角度上来讲，这是双方都愿意达到的一个结果，因此是双方选择的结果。

这是什么意思呢?同样地,我们要回到刚才的分析中去。首先,这个游戏存在一个先验的政治标准即非市场化标准。这样一个游戏要玩下去,实际上是政治精英出于种种原因,需要这样一个非市场化的标准。这不一定符合效率原则,但一定具有政治上的考虑。这样的例子很多。总而言之,政治精英需要搞这样一个事情,很可能不是仅仅为了增加总产出,也不是为了提高资源配置效率,而是搞这个事情可以给他们带来很大的政治收益,经济利益可能反而是第二位的,或者是附带的收益。

在现有条件下,这样的政策性任务可以让国企去做,也可以让非国企来做,但很多时候已经不能再像计划经济条件下一定通过行政命令强迫企业来做了。因此,这里也包含企业选不选择来做的问题。这些项目不是企业必须做的事情,虽然由国企来做操作上会容易些,但很多任务也不是国有企业就能完成的。

所以在这个过程中,首先是政治精英设置这样一个任务,然后由企业去迎合的过程。但是企业为什么要迎合?比如在基础设施很差的地方建个贸易中心之类的,企业为什么要这样做?或者说什么样的企业会去做?这跟我们讨论银行贷款市场下的信息不对称是一个道理。即使这个项目本身不会产生足够的收益,但项目后续的软预算约束可以使企业获得足够多的利益,如果企业预期到这一点,它就会有积极性做这个事情。所以在这种情况下,如果企业预计到政治精英一定要设置一个政治标准或政策性任务,而这个政治标准或任务一旦经过设置,就是绝对不允许失败的,且必须以合乎政治精英意愿的方式来完成,这是个非常重要的前提。所以企业一旦搞到这个任务项目,就等于自动收获软预算约束会带来的巨大利益。这时，企业就会有动力去主动迎合完成这样的任务，这是企业选择的问题。与此同时，一旦软预算约束本身构成一个巨大收益，那么这个和软预算约束联系在一起的项目本身就构成一个稀缺资源，政府交给谁来做就很有讲究了，这是政府选择的问题。

所以当政府提出有一个政治任务要完成，而企业又迎合说"我来完成这样的任务"的时候，就是双方互相选择、共同完成的任务了。政府设置的政治标准或政策性任务的非市场性质越强，软预算约束的可置信承诺就越强。而在这个过程中，政府持续提供的资源是不是完全用在这个项目上，反而变成第二位的事情了。事实上，这就是政治精英通过设置任务或项目来实现利益交换的过程，双方都达到自己所需要的，你收获你的政治利益，我收获我的经济利益，大家在彼此满足对方需要的基础上形成利益共同体，问题则表现为软预算约束。所以这就是联盟创造的过程。

从这个角度出发，本文对现在国有企业改革和去杠杆问题有两个初步判断。首先，国有企业的政策性负担不是没有，但这主要是计划经济体制下的遗留问题。这种问题顶多表现在存量，在增量上的表现比较少了。尤其是如果把我们提到的企业谈判能力变量考虑进去的话，事实上我们可以预期到政府不可能通过减少政策性负担这个途径来实现所谓的公平竞争、消除政策性负担。

第二个结论是，在这个政治精英和企业之间存在相互依赖和利益交换的情况下，由政治精英来设置的政治标准或政策性任务，必然会引起逆向选择和道德风险问题，这是软预算约束现象下的双重问题的叠加。

如果这个逻辑是正确的,那么现在的改革方案,包括混合所有制和国企分类改革,对这样的问题不太可能予以根本解决,新的软预算约束问题仍然会持续地、不断产生。

第15章
以员工持股为突破口，加快混合所有制改革进程

刘 斌

混改对于中国经济转型有着重大的特殊意义。国企占据经济半壁江山。混改推不动，国有经济的活力就难以提上去，整个经济的效率也难以提高。同时，混改也是打破垄断的重要方式，对于增进社会福利、提高整体资源配置效率起着关键的作用。为此，党的十八届三中全会将混改提到了一个新的高度，各种顶层文件陆续发布。然而在实践中，混改落地的案例却不多。究其原因，核心还在于微观层面的激励不相容。从改革者的角度看，混改面临较大的决策风险，尤其是国有资产流失的问题，使得改革者面临的风险收益比极不平衡。而从民营资本的角度看，政府诚信问题、国企公司治理的特殊要求等，也使得民资疑虑重重。

那么，如何才能破除或者缓解这一问题？本文认为，根本还在于扭转这种激励的不相容。这既要增强改革者的激励，而且要增强民营资本的信心。在此过程中，员工持股或是一个重要的突破口和抓手。首先，员工持股给了企业管理层更多的动力去推动改

革。尽管决策风险仍然存在,但是改革的收益也提高了。持股绝对金额越大,收益风险比越高,改革的动力就越强。其次,员工持股也有利于提升民资参与混改的信心。员工持股将国企管理层与民营股东的利益绑定在一起。国企管理层不再是传统意义的"官员",而是更加注重经营绩效、市场化运作的企业家。最后,在现行规则下,国企进行员工持股的重要前提就是股权多元化,这无形中增强了国企管理层推动股权多元化的动力。总之,加快混改进程,员工持股是关键。为此,我们提出了完善国企员工持股的一系列建议。

一、混改已成为经济转型的核心一环

2017 年中央经济工作会议和《政府工作报告》均将混改作为国企改革的突破口。之所以如此强调,主要有两方面原因。

一方面,国企占据半壁江山,混改推不动,整个经济的效率难以提升。我们计算了 2006—2015 年工业企业中不同所有制类型的资产利润率情况(利润总额/净资产)。结果表明,私营企业的资产利润率最高,私营股份公司、国有股份公司次之,国有企业则最低。换言之,股权结构对企业的经营效率有着非常重要的影响。在当前国企仍然占到中国经济半壁江山的背景下,通过混改完善国企体制机制、激发国企活力,对整个经济效率无疑有着重要意义。

另一方面,混改还有助于打破垄断,增进整个社会的福利。混改不仅关系到企业本身,而且通过与打破垄断相结合,对整个经济效率的提升都有着重要意义。中央经济工作会议提到的七大行业混改均属于垄断性领域。近些年,国家不断推动垄断领域改革,尝试放开垄断领域的某些环节通过民营资本进入提高资金效率,比如石油领域的油气勘探、原油进口、成品油批发零售;铁路领域的城际铁路、市域铁路；民航领域的通用机场、航空公司等。但由于政策执行中“玻璃门”“弹簧门”“旋转门”现象大量存在，垄断行业改革推进缓慢，效果不甚理想。因此，通过混改则有利于在这些领域引入民营资本，逐步破除行政垄断，从而能更好地激发民间投资的活力，增进社会福利。

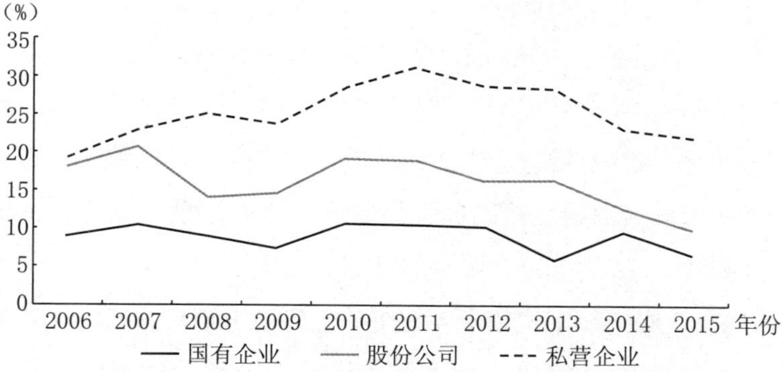

图 15.1　2006—2015 年工业企业中不同所有制类型的资产利润率情况

资料来源：Wind 资讯。

总之，混改对于中国经济转型有着重要意义。混改推不动，整个经济的活力和绩效都难有提高。加快混改是改革的核心环节。

二、员工持股是重要抓手和突破口

党的十八届三中全会以后，混改被提到了一个全新的高度，各种顶层文件陆续发布。然而在实践中，混改落地的案例却不多。截至发稿前，中国联通于 2017 年 8 月 21 日发布混改方案，宣布引入腾讯、百度、京东、阿里等 9 家战略投资者，标志着混改试点终于迈出重要一步。然而，相对如此中国庞大的国有经济体量，个别方案落地无疑是不够的，不足以产生系统性的影响。那么，为何混改推进如此之难呢？本文认为，核心还在于微观层面的激励不相容。

国有资产流失的红线使得改革者面临较大的决策风险。顶层设计对于国有资产流失问题的重视，在党的十八届三中全会后得到加强，还制定了一系列责任追究机制和举措。这些政策对于维护社会公平、避免部分人钻改革的空子，无疑有着重要的作用。但是，这客观上也带来了一些问题。由于混改涉及国资与民资的对价问题。而定价本身又是一个偏主观的过程。因此，很多改革者担心踩到国有资产流失红线、扣上“贱卖国有资产”的帽子，从而踌躇不前。

政府诚信问题使得民资参与混改的信心不足。此前有权威媒体报道，一些地方存在明显的“JQK”现象。“J”，即指招商引资时，地方政府把承诺说得天花乱坠，把企业勾起来。“Q”就是把企业引进来以后，把它放到某个地方圈起来，之前的承诺也得不到兑现。“K”，就是投产以后，揩油，甚至把它们 KO。在这个跟政府长期博弈的过程中，企业总体有担忧。尤其在混改的时候，民资非常关心自己能获得多大话语权、利益能否得到保障。

中国特色的公司治理也使得民资存在疑虑。党委会是我国国企公司治理中的一大特色。在目前的国企公司治理实践中，基本形成了先党委会、后董事会的议事程序。即满足“三重一大”的决策，均需经过党委会讨论后才能交由董事会讨论。那么，民营股东在其中如何发挥更大的作用，则是一个问题。尤其是当民资在董事会席位中占比较大的时候。正由于以上这些原因，当前推进混改的难度不小。因此，要加快混改进程，核心就是要解决上述问题，扭转不相容的激励。在此过程中，我们认为员工持股是重要的突破口和抓手。

首先，员工持股能够提高改革者（尤其是企业经营管理层）经济激励，从而增强其改革动力。改革容易被扣上“国有资产流失”帽子的风险，同时改革的收益也基本没有。如果引进员工持股制度，则能在一定程度上平衡风险收益比，提高改革者的动力。尤其是，持股绝对金额越大，收益风险比越高，改革的动力就越强。

其次，员工持股能够通过利益绑定、提升民企参与混改的信心。实行员工持股后，国企管理层和民企股东存在共同的利益，国企管理层不再是传统意义的“官员”，而是更加注重经营绩效、市场化运作的企业家。因此，在决策过程中，国企管理层往往很多也是党委会成员，从而能够代表一部分非公股东的声音，参与到最前端的党委会决策中来，这无疑可提振民企的信心。

最后，在现行规则下，国企实行员工持股的重要前提就是股权多元化，这无形中增强了国企管理层推动股权多元化的动力。国资委发布的《关于国有控股混合所有制企业开展员工持股试点的意见》明确提出，实施员工持股的国有企业，“非公有资本股东所持股份应达到一定比例，公司董事会中有非公有资本股东推荐的董事”。之所以这么规定，核心还是避免内部人控制，通过借助外部股东，使得员工持股的定价更加合理。因此，从某种意义上说，在现行规则下，如果国企管理层想要搞员工持股，那么他就必须推动企业的股权多元化。

三、松绑员工持股，加快混改进程

根据有关媒体公布的第二批混改试点名单混改方案来看，大多数方案都含有员工持股安排（见表 15.1）。这恰恰印证了员工持股是混改重要推动力的观点。因此要加快混改进程，松绑员工持股很关键。

表 15.1 第二批 10 家试点企业情况

试点集团	混改思路	持股结构
三峡集团	三峡集团联合重庆政府,将长兴电力、乌江实业、涪陵能源 3 家电网企业的电力资产进行剥离整合,设立统一的配售电企业公司	三峡集团控股 23.37%+地方国有资本 54.57%+民营资本16.46%+员工持股 5.6%
中车产投	中车产投选择复星国际有限公司(民企)和国投创新管理有限公司(国企)作为投资方,在下属企业引进产业协同能力较强的民营资本产业基金进行混改	中车集团 60%+其他国有资本 18%+民营资本 20%+员工持股 2%
中国国航	以国航有限公司为平台,将国航和南航的货运业务进行重组,同时与国企(中国外运长航集团)和民企(顺丰速运、圆通速递)进行混合,组建新的中国货运航空公司	国有资本 55%+民营资本 25%+国泰航空 20%
航信集团	拟第一步以增资扩股的方式引入 3—4 家外部投资者,;第二步释放 10%—15%的股权探索员工持股,同时考虑探索国家特殊管理股制度,以进一步减少中航信股份持股比例	中航信 45%+民营资本 55%(其中员工持股 10%—15%)
中国联通	通过定向增发扩股和转让旧股的方式进行股权结构调整,引入信息产业领域是实力相当、互补性强的国有资本;引入互联网等领域的若干家境内非公企业及员工持股。再通过联通集团内部股权交易,实现国有资本对联通红筹公司持股 60%左右	联通集团 36%+信息产业领域的国有资本 19%+互联网等领域的民营资本 20.06%+公众股东 24.94%
核燃料公司	第一步拟先增资引入中广核、国电投、中核建、华能等国有涉核企业集团,中核集团出资 67%,其他国有股东出资约 33%;第二步引入非国有战略投资者,并探索员工持股	中核集团 51%+其他国有资本 25%+民营资本 15%+员工持股 9%

续　表

试点集团	混改思路	持股结构
湖南航天	在本级增资引入行业内非国有战略投资者，航天科工持股比例有 100%降为 60%，非国有资本占 40%，同时清理退出非主业领域的经营状况不佳的业务单元	航天科工 60%＋民营资本 40%
中盐总公司	中盐总公司拟结合盐业体制改革，将食盐批发业务注入中盐股份，并引入优势互补的非国有战略投资者、财务投资者和地方优势盐业企业	中盐总公司 55%＋地方盐业企业 20%＋民营资本 25%(员工持股 5%以内)
中金珠宝	拟引入上下游优质加盟商、供应商等非国有战略投资者持股 40%、原有民营股东持股 9%、黄金集团及其子企业持股 51%，保持黄金集团绝对控制权	黄金集团 51%＋民营资本 49%
中粮资本	拟采取定向增发方式，综合考虑战略协同，交易价格、财务实力、品牌影响力等因素，引进若干家战略投资者，引资规模约 75 亿元，约占公司总股本的 27%，员工持股 3%，中粮集团持股比例降为 70%	中粮集团 70%＋民营资本 27%＋员工持股 3%

资料来源：根据媒体资料整理。

具体而言,我们认为目前员工持股规定整体偏严,建议适度松绑。

首先,试点额度要放开。《关于国有控股混合所有制企业开展员工持股试点的意见》(以下简称《意见》)中表示"选择少量企业开展试点……地方可分别选择5—10户企业……国务院国资委可从中央企业所属子企业中选择10户企业,开展首批试点"。可见,初期试点额度较小。因此,建议进一步放开试点额度,先期可允许从每省10家放开到每省100家。

其次,试点企业的层级要放开。《意见》中表示"中央企业二级(含)以上企业以及各省、自治区、直辖市及计划单列市和新疆生产建设兵团所属一级企业原则上暂不开展员工持股试点"。建议进一步放开试点企业范围,央企二级以上企业和地方一级企业都应该参与试点。

第三,企业的选择要一视同仁。《意见》中表示"优先支持人才资本和技术要素贡献占比较高的转制科研院所、高新技术企业、科技服务型企业(以下统称科技型企业)开展员工持股试点"。需要混改的企业不仅仅是高科技,对于处于竞争性领域的存量企业也需要重视。建议对其他竞争性的商业类企业给予一视同仁的支持。

第四,入股和转让价格应一致。《意见》中表示"在员工入股前,应按照有关规定对试点企业进行财务审计和资产评估……转让给国有股东的,转让价格不得高于上一年度经审计的每股净资产值"。以净资产值为标准衡量转让价格有失偏颇,为保证公平,建议员工持股的入股价格和转让价格应该更多采取评估价格。

最后,对高层的持股限制应放开。《意见》中表示"党中央、国务院和地方党委、政府及其部门、机构任命的国有企业领导人员不得持股。外部董事、监事不参与员工持股"。建议对核心高层的持股限制要放开,增强他们的经济激励和改革动力。

第 16 章
国企混合所有制改革:效率优先

姚 玭

一、国企效率偏低

首先来介绍国企效率的现状,目前国企效率比较低,我们从数据的角度来看一下。一个是国有资产总量增速放缓,这里拿到的国资委年度数据,最新的是 2014 年的数据。从资产总量角度

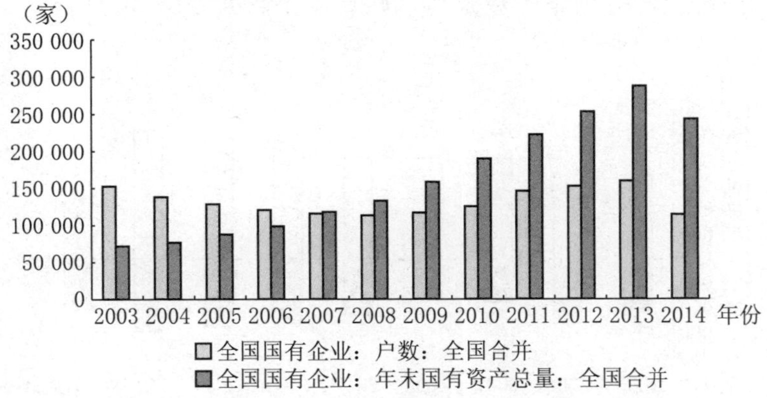

图 16.1 全国国有企业总量

资料来源:Wind,中国银河证券研究部,下同。

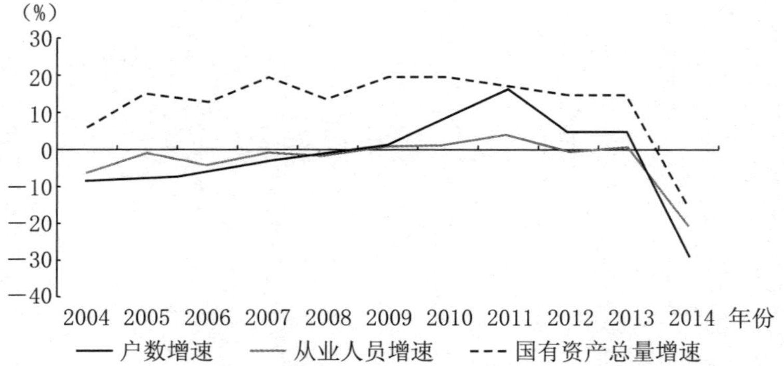

图 16.2　全国国有企业总量增速

看，国有资产总量增速放缓。2014 年底全国合并口径国有企业共有 11.37 万户，从业人员 3 100.3 万人，国有资产总量 24.3 万亿元。从增速上看，2011 年以前国有资产无论是户数、从业人员还是资产总量整体均保持同比增长态势，但在 2014 年上述指标增速出现快速下降，同比分别下滑 28.53%、20.9%、15.43%。

从资产质量角度来看，国有资产质量有待提高。从盈亏上看，大部分国企实现盈利，以 2014 年数据为例，国有企业当

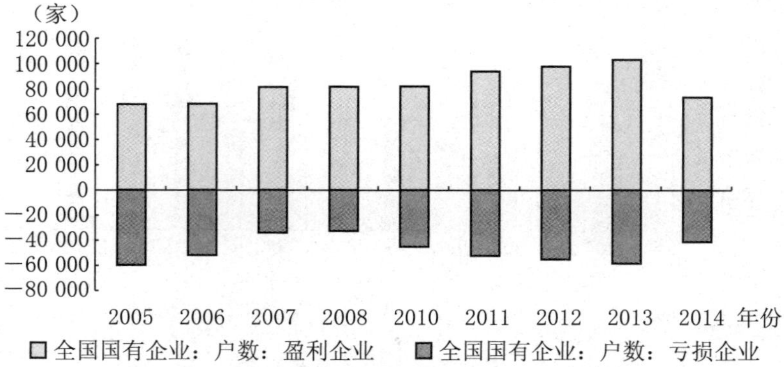

图 16.3　全国国有企业盈亏情况 1

中 7.3 万户盈利、4.1 万户亏损。亏损国企户数、从业人员数、资产总量占全部国企的比例分别为 35.6%、27%、17.2%。不管是从户数还是从业人员量,以及年末国有资产总量这三个角度来看,国有企业当中大概有三成的国企比重目前亏损状态。

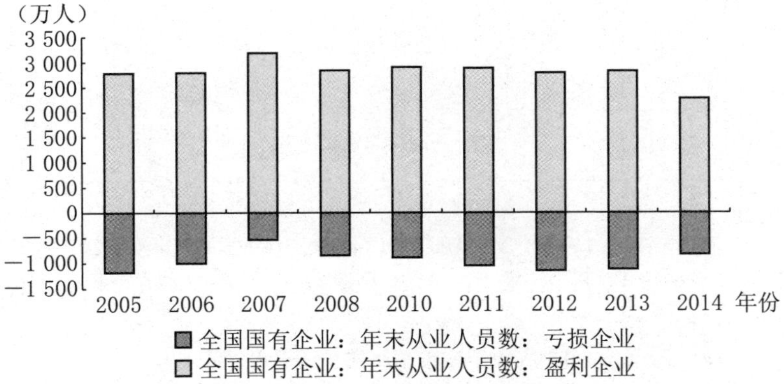

图 16.4　全国国有企业盈亏情况 2

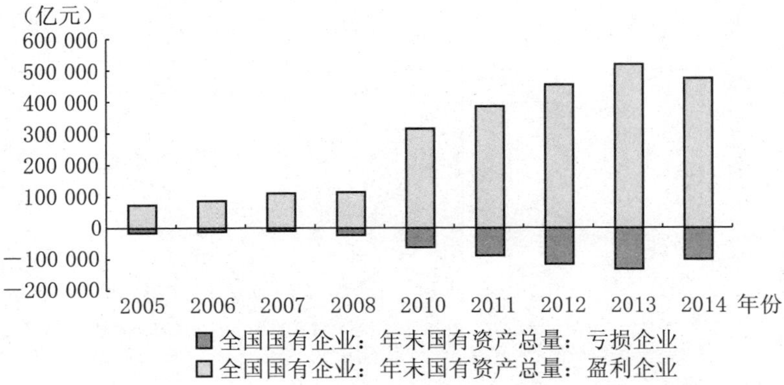

图 16.5　全国国有企业盈亏情况 3

从上市公司角度看,国有上市公司业绩增速明显低于非国有上市公司。根据 2010—2016 年六年的数据,从营业收入、净利润、净资产收益率三个角度看,国有企业业绩增速均低于非国有企业。

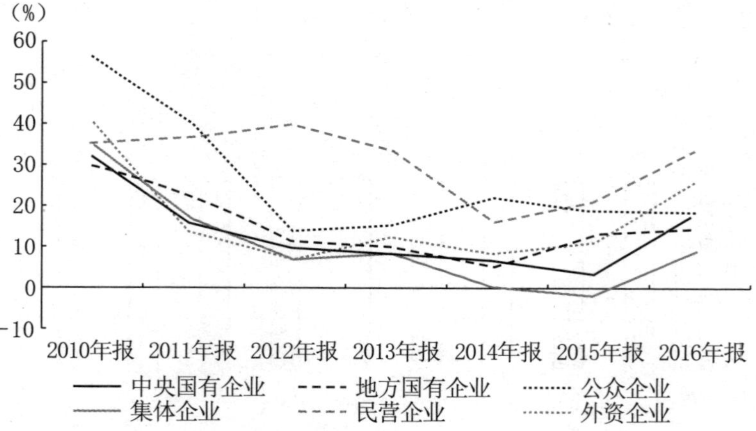

图 16.6 不同性质上市公司营收情况

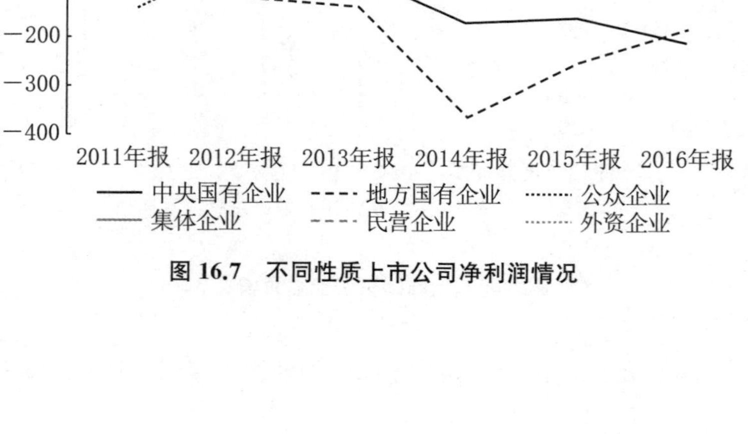

图 16.7 不同性质上市公司净利润情况

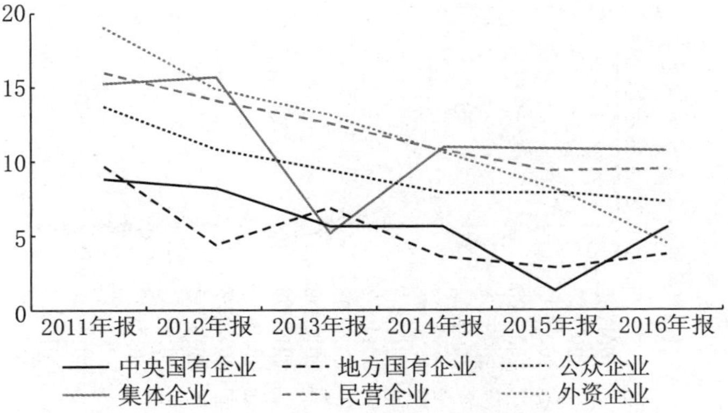

图 16.8　不同性质上市公司 ROE 情况

另外,国有企业本身效益波动幅度比较大,这个数据主要是工业企业的数据,从不同企业的性质角度看,国有及国有控股企业业绩波动区间明确大于其他类型企业。在盈利回升的时候,回升幅度比较大,下降的时候跌幅也是比较大,整个国企盈利的稳定性明显弱于其他类型企业。

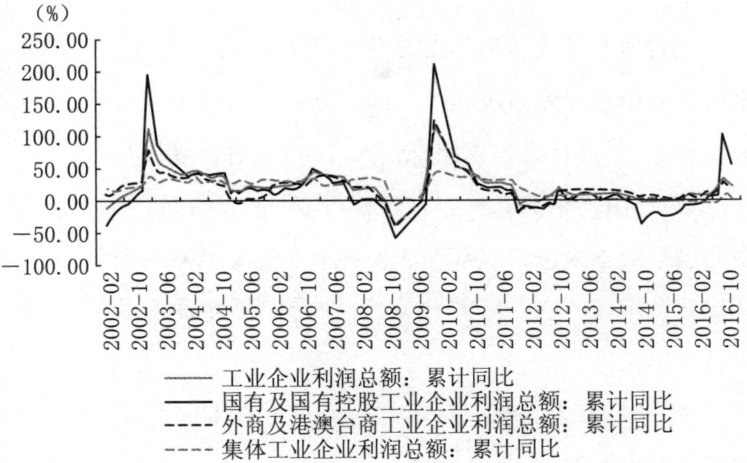

图 16.9　不同性质企业利润增长情况

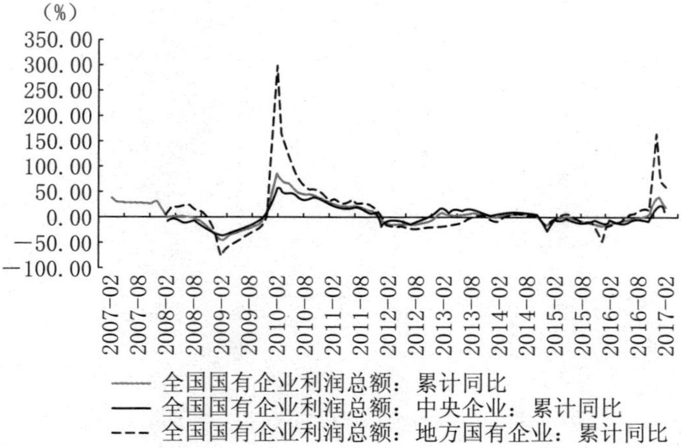

图 16.10　国有企业利润增长情况

以上是从数据角度简单看一下国有企业的效率确实要低于非国有企业。

二、混合所有制改革:效率为先

混合所有制改革的目的是为了提高国有企业效率。具体在推进过程中主要要解决四个方面问题:一、由谁来混合?二、与谁去混合?三、以什么方式混合?四、以什么对价混合?

第一,由谁来混合?非常明确,国有企业的混合所有制当然由非国有资本来进行混合。非公共资本主要包括两个,一个是包括民营资本,一个是外资。在现实中受到种种政策限制,主要是民营资本。

第二,与谁去混合?自然是与公有资本来混合,这里公有资本包括两个类型,一个是独资企业,一个是纯国有资本持股的股份制企业。这里要纠正一个概念上的认知,1%的公有与99%的非公有这种叫混合,99%的公有与 1%的非公有也叫混合,这个比例上怎么样都可以。

第三,以什么方式混合?主要有四种,一个是产权转让方式,公有企业将存量资产一部分转让给非公有企业。第二种,增资扩股方式,引入资本,由非公有资本投资到公有企业当中进行持股。第三种,新设企业,公有股东和非公有股东共同出资成立新的企业。第四种是并购,公有股东将资本投入到非公有企业当中。

第四,以什么对价混合?对价的确定有两个方式,一个是市场化方式,一个是双方协商,或者叫协议转让方式。但是不管选择哪种方式,都要避免出现低价出让国有资产的情况。

三、混合的具体方式与案例

在由谁来混合,与谁去混合,以什么方式混合,以什么对价混合中,最重要的、最受人关注的,就是以什么方式混合。上文提到四个方式,接下来我们对这四个方式进行更详细的阐述,以及看一些具体的案例,主要是上市公司的案例。

第一,产权转让,分两种:一是市场化交易,一个是协议转让。市场化交易目前模式比较成熟,也是有规定可以依据,依据就是 2004 年 2 月 1 日施行,国资委、财政部出台的《企业国有产权转让管理暂行办法》,为国有产权转让建立起进场交易制度。除去在国民经济关键领域重要行业对受让方有特殊要求者外,国有产权转让必须要进入产权交易机构中公开挂牌、竞价交易,不受地区、行业、出资或者隶属关系的限制。产权交易机构按照统一信息披露、交易规则、交易系统、过程监测的原则,规范进行产权转让。这一制度将国有产权转让的过程透明化,同时受让权开放,所有法人和自然人都可参与受让。“这套制度解决了国有产权由谁卖、卖给谁、以什么方式卖和以什么价格卖的问题,实现了卖方公开规范卖、买方公平合法买、相关批准方公正高效批,极大地促进了产权流转与混合,大大减少了相关人员的腐败和国有资产流失。”这一模式已经比较成功成熟,解决了通过产权转让实现混合的制度和方式问题。

我们来看一案例。2017 年 5 月 27 日,河南省产权中心发布“河南中孚热力有限公司 51%股权转让公告”。公告显示,河南中孚热力有限公司公开挂牌转让 51%股权,挂牌价为人民币 1 674.89万元。目前,中孚热力共两位持股股东,其中巩义市国有资产投资经营有限公司持股 51%,河南中孚电力有限公司持股 49%。转让方即为巩义市国有资产投资经营有限公司。公告明确受让方应符合以下四个基本条件:(1)具有良好的财务状况和支付能力;(2)具有良好的商业信用;(3)受让方为自然人的,应当具有完全民事行为能力;(4)国家法律法规规定的其他条件。

第二种方式就是产权转让除了公开挂牌转以外,还有一种是协议转让,也是有相关规定可以依据的。从 2004 年到 2010 年有三份规定和通知,涉及国有产权协议转让。2004 年,《企业国有产权转让管理暂行办法》规定:对于国民经济关键行业、领域中对受让方有特殊要求的,企业实施资产重组中将企业国有产权转让给所属控股企业的国有产权转让,经省级以上国有资产监督管理机构批准后,可以采取协议转让方式转让国有产权。2006 年,《关于企业国有产权转让有关事项的通知》指出:在所出资企业内部的资产重组中,拟直接采取协议方式转让国有产权的,转让方和受让方应为所出资企业或其全资、绝对控股企业。协议转让项目的资产评估报告由该协议转让的批准机构核准或备案,协议转让项目的转让价格不得低于经核准或备案的资产评估结果。2010年,《关于中央企业国有产权协议转让有关事项的通知》指出:中央企业在本企业内部实施资产重组,转让方和受让方均为中央企业及其直接或间接全资拥有的境内子企业的,转让价格可以资产评估或审计报告确认的净资产值为基准确定,且不得低于经评估或审计的净资产值;转让方或受让方不属于中央企业及其直接或间接全资拥有的境内子企业的,转让价格须以资产评估报告确认的净资产值为基准确定。

具体的案例是上工申贝控股股东协议转让股份。上工申贝股份有限公司控股股东暨实际控制人上海市浦东新区国有资产监督管理委员会协议转让6 000万股A股股份给上海浦东科技投资有限公司全资子公司上海浦科飞人投资有限公司。本次股份转让完成后,公司总股本不变,浦科飞人持有本公司6 000万股A股股份,占公司总股本的10.94%,为公司的第一大股东;浦东国资委持有本公司4 539.535 8万股A股股份,占公司总股本的8.27%,为公司的第二大股东。

刚刚所讲的市场化方式以及协议转让的方式,都是我们所说的混合所有制改革以什么方式进行的第一种。

第二种为新设企业,目前也算是比较成熟的方式。通过新设企业实现混合,原则上只要严格按照《公司法》和《资产评估法》操作即可完成。《资产评估法》是为了规范资产评估行为,保护资产评估当事人合法权益和公共利益,促进资产评估行业健康发展,维护社会主义市场经济秩序制定,由全国人民代表大会常务委员会于2016年7月2日发布,自2016年12月1日起实施。在《资产评估法》施行前,我国资产评估行业存在多头管理的问题。此前资产评估行业划分为资产、土地、房地产、矿业权、保险和旧机动车评估等 6 种专业类别,分别由财政部、国土资源部、住建部、商务部、保监会 5 个部门管理。为了更好地发挥各专业类别评估的作用,发挥各部门分别管理的优势以及各专业评估协会自律管理的作用,最终通过立法将不同专业评估管理统一在一部法律框架之下。这有利于评估行政管理部门统一监管尺度,有利于各评估行业协会统一制定规则,有利于各评估专业机构统一执业标准,也有利于统一落实评估当事人各方的法定责任,更有利于评估机构实现多种专业综合发展。

最新的案例:大庆首家混合所有制企业挂牌,探索国企改革和新能源试点。4 月 12 日,大庆首家混合所有制企业——黑龙江省中热新能源开发股份有限公司诞生。大庆市由国资委牵头成立国有企业混合所有制改革领导小组。2017 年 2 月 6 日,大庆市国资委正式批复中热新能源的组建方案。大庆市新技术开发总公司西城热力有限公司与天华阳光国际集团牵头,联合其他 3 家公司共同投资 2 亿元成立中热新能源开发股份有限公司。新公司中,国有企业占总股本 27%,是相对控股。

另外两种方式,一个是增资扩股,一个是并购投资,通过增资扩股或并购投资实现混合相对而言是更加个性化的选择。由于增资扩股和并购投资一般而言涉及企业的商业秘密,因此对交易对手的选择也更加个性化、专业化,这里包含了引入国内外战略投资者这一模式。

案例方面,是资本市场上引起大家关注的云南白药增资 254 亿引入战略投资人。根据云南白药公告,公司控股股东白药控股拟通过全增资形式引入新华都实业集团股份有限公司作为战略投资人。新华都拟以现金形式增资 254 亿元，获得标的公司 50％股权，在标的公司层面形成云南省国资委和新华都 50：50 的股权结构比例。本次改革坚持市场导向，未来白药控股董事、监事及高级管理人员均以市场化原则选聘。以往混改案例中，民营资本多为占少数股权财务投资人，以退出为目标。本次改革国有资本与民营资本各 50％的股权，在充分激发民营资本活力的同时，也确保了国有股东的继续履职尽责。另外此次改革在白药控股层面进行，设定了 6 年的股权锁定期，引入资金体量巨大且没有流动性，在资本市场上是一次大胆的尝试，确保了股权结构和企业资金的长期稳定。通过此次混合所有制改革，白药控股将引入长期战略合作伙伴，建立更为灵活的体制机制和更加市场化的治理结构，从而使白药控股更好地适应市场竞争，为长期可持续发展奠定良好的制度基础。同时，白药控股可引入资金实现规模扩张，发展增量业务。本次改革将有利于白药控股在此次医药行业转型的窗口期抓住机遇、赢得先机。

另外一个案例是三环集团，目前公告两回，还没有具体的确定。襄阳汽车轴承股份有限公司于 2016 年 9 月 13 日披露了《关于控股股东实行混合所有制改革的提示性公告》，湖北省国资委正在筹划公司控股股东三环集团有限公司混合所有制改革事项。三环集团目前持有襄阳轴承约 1.28 亿股，占其总股本比例的 28％。而三环集团及其一致行动人襄轴集团共持有公司约 2.12 亿股，占公司总股本比例约 46％。按照相关规定，将在武汉光谷联合产权交易所公开引进战略投资者，该事项可能会造成三环集团实际控制人发生变化，从而导致襄阳轴承最终控制人发生变更。2017 年 3 月 16 日，襄阳轴承公告收到控股股东三环集团关于本次混改事项的进展信息："为做强做优做大三环集团，湖北省国资委主导推动三环集团开放性的引进战略投资者,实施增资扩股改制,目前正依法依规按程序推进清产核算、审计评估等工作。”

另一个案例是中粮集团的,中粮集团下属 18 家专业化公司中已经有 12 家通过不同形式引入外部资本实行混合所有制改革。2016 年中粮集团所属四家专业化公司中粮置地、中粮工科、中粮肉食、中粮包装通过不同形式引入外部资本推进混合所有制改革。此次混改,四家公司共获得八位投资人总计约 103.58 亿元人民币的投资,及员工持股平台约 5.027 亿元人民币的出资,都取得了良好的效果。

最后这个案例是关于并购方面,中国电信成立了一个专项投资基金推动混改。为进一步推进公司混合所有制改革,中国电信将在 2017 年成立专项投资基金,用于在相关业务领域进行股权投资。此外,中国电信还将参与外部投资基金,以此寻求更加多样化的投资机会。目前中国电信已经参与了国内最大的商业化募集母基金“前海母基金”,年内还将参与更多知名的母基金或产业基金。在具体的投资业务领域,中国电信将围绕公司“网络智能化、业务生态化、运营智慧化”的全新转型发展战略,在物联网、大数据、云计算、互联网金融、智慧家居、互联网+等多个领域展开关键性投资。此外,中国电信还将根据行业发展趋势,在跨 IP 领域进行投资,并以此打造泛娱乐化业务平台。

第 17 章
分行业视角看混合所有制改革

张宇生

本文想讲一下国企改革的行业视角。为什么强调行业角度呢？因为可以通过一个相对更加有区分度的视角来看整个国企改革的情况。

本文的内容分为三个部分。第一部分，笔者表达对国企改革的个人看法；第二部分，从行业来看，首先从历史来看有哪些成功的混改案例，成功案例有什么经验；第三，目前重点推进的混改行业的情况。

第一，我们怎么看混改？从市场的视角来看，国企改革是个大起大落的过程。从 2013 年开始，市场对整个混合所有制改革预期非常之高，当时 2013 年出了第一个文件，随后 2014 年和 2015 年，国企改革系列文件相继出台，市场热情高涨。但随后市场发现政策文件一个接一个地出，但实际的改革政策落地却并没有大家想得那么迅速。代表性的案例并不多见，改革推进速度不及预期。因此随后几年整个市场对于国企改革的预期到了非常低谷的位置。

我认为本轮国企改革的推进是非常稳健的,尤其是从过去的改革进程吸取很多的经验教训之后,不冒进,不搞运动化的改革,因此才会有目前的改革局面。首先从历史的经验来看,有以下几条经验值得学习:

1. 并非不敢:混合所有制改革经历了1993年开启的十年混改大浪潮,到2003年后的低潮十年,再到2013年开启的混改新周期,每一个时间区间的国企改革都是一段精彩的故事。投资者质疑改革速度慢,其实并非当局者迷,而是上一轮泛运动化改革历程中所吸收的经验教训太多,导致新周期下,政府包括国有企业对混改需要缜密的设计与规划。

2. 上层建筑:回溯历史,国有企业的改革绝大部分时刻都是被时代发展给倒逼的。在改革进程中,往往也伴随着各类资本的制度套利。混合所有制改革仍然需要关注,虽然试点案例获得成功,但是上层建筑中法制及监管体系尚未落地的情况之下,形成泛运动化浪潮,没有夯实上层建筑的改革可能将出现问题。

3. 循序渐进:目前试点的七大行业混改,从产业发展角度看是符合逻辑的。而过去这十年这些行业的大型国企产能扩张太快;资源攫取严重;非核心资产外延甚广等问题层出不穷,循序渐进的改革势在必行。

4. 成功基因:我们在挖掘中国建材、中联重科的成功混改经验中看到,优质的混改需要包含:优秀开明的国企一把手;股权合理分散,股东相互制衡,民营资本有较多话语权;混改后能有效改善所属行业市场结构。目前PPP模式的成功推进,即反映出了国有资本与民营资本在混合管理中相互协调、共同担当的发展潜质。

5.制度保护:虽然在上一轮混改中,也同样有失信的民营资本捞取混改红利。但大部分情况下，由于多数国有企业具有规模大、政策支持多及市场支配优势，民营资本在混改中的权益保障仍可能遇到部分障碍。因此后续在员工持股、引入战略投资等领域仍待试点企业进一步观察及具体细则落地。

以上几点是笔者对于目前混改的看法，尤其是本轮改革中可以从过去的改革中吸取的经验。

第二部分，分行业来看，混改有哪些成功的案例值得关注与学习。

党的十八届三中全会《决定》提出，“积极发展混合所有制经济”。由此开启了混改新周期，成功的混改经验不仅能够让当局者看到有路可循，也同样能让投资者意识到，哪类企业的基因及管理模式能够最终走出优质的混改之路。

我们选取了两个例子，一个是中联重科，一个是中国建材。

机械行业中，我们选择了中联重科，这也是一个比较著名的例子：与许多国企一样，中联重科同样脱胎于科研院所，最初成立时创始人设计了中联重科完全市场化运作、研究院按事业单位运行的“一院两制”模式，然而，在实际的运营中，这一模式的弊端逐渐显露出来。为了摆脱旧体制的束缚，中联重科推进混合所有制改革，并引入了民资以及外资方。具体的过程我不特别展开了，因为这个例子大家相对比较熟悉。

我们重点说其中几个比较关键的因素。(1)内部分配公正透明。中联重科的改制总体方案形成、职工持股认购额度分配等关键环节，对职工完全公开，并经过了职代会审议通过，做到了民主科学。(2)体制创新。中联重科不论是管理层、国有股东还是境外资本，所占股份都在 20%以下，特别是管理层，股权比率不到 6%。股权合理分散，股东相互制衡。(3)治理创新。混合所有制的优势通过创新法人治理得以体现。首先，让董事会真正成为资本意志表达和决策的平台。国有股、财务投资者、管理层和员工持股、外资股等不同成分的资本以董事会为平台，按股权比例表决，实现同股同权、同生共赢。其次，让国有产权代表真正履职。湖南省国资委专门制定了对直接持股上市公司的管理办法，使国有资本的意志在董事会充分表达，实现了国有资本的有效监管。最后，让独立董事得到真正的独立和尊重。中联重科的董事会 7 名成员中独立董事有 4 名，占比超过半数，拥有充分的话语权。这 4 名都是国内在战略、投资、财务等方面的专家，能够广泛代表公众投资者的利益。

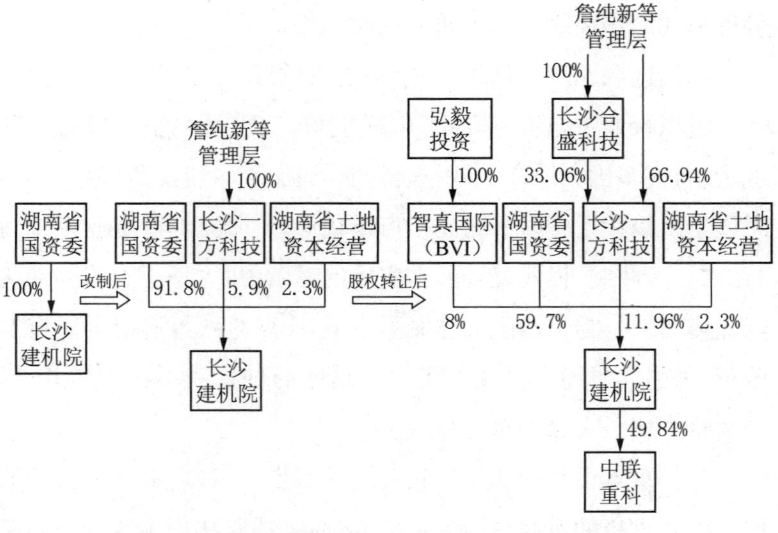

图 17.1 中联重科改制和混改股权变更示意图

资料来源：新财富，长江证券研究所。

第二个例子是中国建材。中国建材一开始也跟中联重科一样，都是从很小的公司经营改革逐步发展壮大。它更可以反映出混合所有制改革中，由国资逐渐兼并民企过程所需要注意的要点。

选择进入水泥这样一个竞争激烈、多小散乱的行业，中国建材的策略是扮演行业整合者，壮大自己，优化行业。在整合过程中，中国建材董事长宋志平提出了“央企民营”的央企市场化改革思路，包括 5 个核心内容：多元化股份制、规范的公司制和法人治理结构、职业经理人制度、内部机制市场化、依照市场规律开展企业运营。

数百家企业并购重组的过程也是国企与民企融合的过程，在此过程中，中国建材形成了三层混合结构：

第一层，在上市公司中，中国建材这家 H 股公司吸纳了大量社会资本。

第二层，在四大水泥公司等业务平台上，把民营企业的股份提上来。

第三层，在水泥企业里，给原来所有者留 30%左右。

这样一来，国有资本的撬动力更大，真正实现了以小博大。

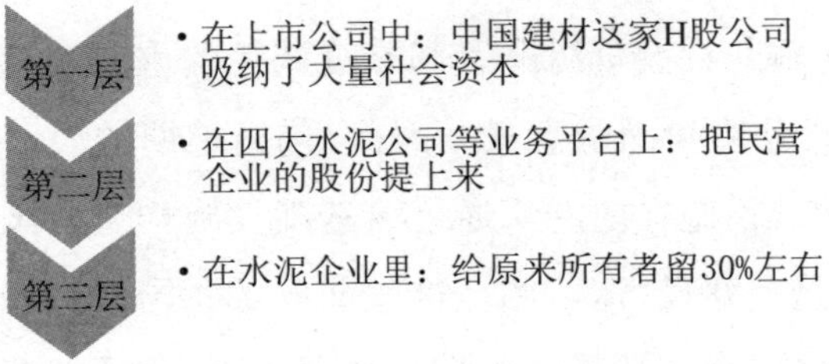

图 17.2　中国建材形成的三层混合结构

资料来源：《国民共进》，长江证券研究所。

第三部分是下一个阶段的重点改革行业。

下一阶段有哪些改革的重点行业呢？行业混改预期是否强

烈,取决于外生动力和内生动力的共同驱动作用。外生动力主要来源于政策,我们预期,电力、铁路、民航等在2016年12月闭幕的中央经济工作会议上得到重点强调的关键性行业将在2017年取得混改的实质性进展。内生动力则来源于行业内国企自身寻求股权多元化,以提高经营效率和盈利能力的意愿。我们认为符合下列四点的行业混改的内生动力较强:

(1) 国资占比较高或适中,同时国企的国资持股比重较高,地位不易动摇。

(2) 民企盈利能力和经营情况显著优于国企。

(3) 行业竞争性较强,最好处于行业集中度逐步提升的整合期。

(4) 盈利水平与企业管理水平的关联程度较高。

目前我们觉得比较值得关注的两个行业,一个是交运行业,另外一个是电力行业。这两个行业是典型的具有国企垄断性质的行业,同时也有可能会成为下一步阶段混合所有制的代表。

首先看整个交运行业,交运行业具有三大特质:国家垄断、公益性、建设长周期。

1. 国家垄断,缺少多元化发展,管理粗放

交通运输是社会资源配置和宏观调控的重要工具,同时,还具备一定的政治和国防意义。因此,包括早期的公路、铁路、航道、机场、邮政设施在内的交通运输基础设施均是由国家或地方政府进行投资、建设、运营的。这就造成了我国的交通运输业的国家垄断属性,市场缺乏竞争性。长期的国家垄断,抑制了国企管理层创新意识,多以单一业务为主,缺乏多元化,管理粗放。

2. 具备公益性质的社会基础设施,定价受政府调控,管理层缺乏激励

我国的交通运输行业作为服务社会经济、民生的基础设施产

业，包括铁路、公路、航空、水运、邮政在内的细分行业，均具有一定公益性质。因此，公益属性的标签使得交通运输行业定价受政府调控，盈利受到一定限制。这就导致管理层缺乏激励、自主经营权有限等问题。

3. 投资金额大，建设周期长，投资回报周期长，融资渠道单一

交通运输是重要的基建工程，具有投资金额大，建设周期长，投资回报周期长(甚至一直亏损)等特征。再叠加国家垄断属性，使得交通运输工程建设投资以国家、政府为主，社会资本民间资本难以进入。长期的建设投资使得国家负债高企，融资渠道单一问题越发凸显。

表 17.1　交运行业国企占比

	央　企	地方国企	国企小计	企业合计	国有企业占比
公　路	1	17	18	19	94.7%
港　口	1	14	15	16	93.8%
航　运	5	4	9	13	69.2%
物　流	3	5	8	22	36.4%
公　交	0	6	6	8	75.0%
航　空	4	1	5	7	71.4%
机　场	0	4	4	4	100.0%
铁　路	3	0	3	3	100.0%
合　计	17	51	68	92	73.9%

资料来源：Wind，长江证券研究所。

交运行业有没有典型的改革案例呢？有，比如粤高速，2016年7月份粤高速完成资产重组，这个过程中实际上完成了两步。第一步是将可以上市的资产上市，将它集团下的一些资产重新装到上市公司平台中。第二步是引入复星投资这样的战略投资者，对于相对主业比较单一的高速行业来说，对未来业务多元化肯定有非常大的帮助。由于收费经营存在期限问题，高速上市公司都

需要面临多元化的问题,是否多元化、怎么多元化?复星拥有丰富的产业投资经验和资源,其作为重要战略投资者进入,有利于粤高速未来探索多元化道路。

非常有意思的是,它通过完成这两步过程,在实现了混合所有制的同时,并没有稀释自己的股东权益,反而通过定增,使得国资持股比例有进一步增加。所以说,混合所有制只要我们采取相对比较良好的模式,并不一定伴随着国有企业股权稀释或不利影响。

表 17.2　粤高速改革股权变化

	定增前		定增后	
	持股数(百万股)	持股比例(%)	持股数(百万股)	持股比例(%)
广东省交通集团	513.36	40.84	513.36	24.55
新粤有限公司	13.20	1.05	13.20	0.63
广东省公路建设公司			466.33	22.30
广东省交通开发公司	2.13	0.17	2.13	0.10
广东省高速公路公司	19.58	1.56	52.94	2.53
亚东复星亚联			202.43	9.68
西藏赢悦			101.21	4.84

资料来源:公司公告,长江证券研究所。

第二个值得关注的是电力行业,电力改革本身也是目前改革的重点。从历史上来看,电力改革都是从竞争到垄断,再到放松管制的过程。而目前我国已经经历了发电主体多元化,未来的主要任务是推进混合所有制,打破电网公司在配售竞争性环节的特许经营权。两大具体实施途径为全面放开竞争性售电环节和引入混合所有制开展增量配电业务。

对于电网这种具有区域天然垄断性特征的企业,对其竞争性的经营环节可全面放开市场准入,使其主体多元化,而对具有区域垄断性的配电业务,可开展混合所有制提升其内部运营效率。

2015 年开始的新电改即旨在于此。2015 年 3 月，国务院下发电改 9 号文《中共中央、国务院关于进一步深化电力体制改革的若干意见》，开启新一轮电改序幕。本轮电改的核心思路分为五点：独立的输配电价、放开竞争性环节的电量计划与电价、交易中心独立、竞争性售电全面放开、增量配电业务引入混合所有制。其中最后两条“竞争性售电全面放开”“增量配电业务引入混合所有制”为新电改的两大具体实施途径，两条途径均直指电网配售电环节的市场主体的多元化与其所有权的多元化。

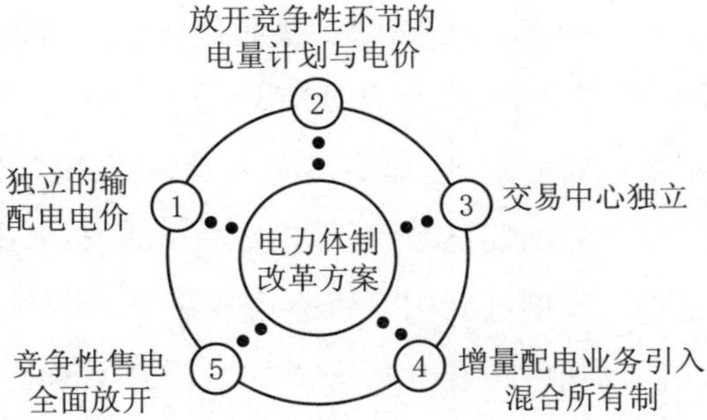

图 17.3　新电改核心思路

资料来源：清华大学，长江证券研究所。

电力行业典型的混改案例也来自这两个方向。比如贵安新区配售电有限公司，这家公司于 2016 年 6 月 24 日取得公司营业执照、7 月 11 日挂牌成立，是国网内首家混合所有制配售电公司，由贵州电网公司、贵安新区，以及 5 家社会资本（中电国际、泰豪科技、国投电力、贵州乌江水电开发有限责任公司、北京科锐）共同组建。公司负责贵安新区直管区 470 平方公里范围内 110 千伏及以下配电网进行统一规划、投资、建设和运营，并从事购售电业务，是目前国内注册资金最多、供电范围最广的混合制配售电公司。贵安新区配售电公司参组的 5 家社会资本企业均是国内电力行业发电侧、设备侧、信息侧的优秀企业,反映了本轮电力混合所有制改革的方向,即在集合禀赋不同的社会资本优势,有效放大国有资本功能,提升国有资本管理效益,做好配售电服务的基础上,共同创新配售电公司的运营模式,创造新型电力增值服务。

总结一下,站在目前角度来看,从资本市场角度来说,我们认为国企改革是一个非常有意义,值得持续关注的主题。但是改革的推进确实需要一个更加稳定、完善的政策环境。从过去经验来看,像过去改革中的成功经验,包括多元化股份制,更加规范的治理结构以及职业经理人,是混合所有制改革未来成功的关键因素,混合并不仅仅要混起来,而更多是要让它未来变得更好。从未来角度来看,我们确实也看到了,混改是从之前来说更加稳妥的行业中,正在逐步推进到国有资本占比更高的领域中,比如交运、电力。我们也相信随着未来这样的案例会不断出现,哪怕从边际上开始、从增量上开始推进。我们仍然将看到混合所有制会在接下来很长一段时间,在改革中扮演非常重要的角色。

第五篇

国企改革:未来路径的探索

第 18 章
多重困局中的国有企业改革：寻求第三条道路

刘瑞明

我们在改革开放四十年之际谈国有企业改革，喜悦之中多多少少又带有一些忧虑。经过近四十年的改革开放，国有企业总体上取得了许多的进步，但是，不可否认的是，国有企业的一些根本性问题依然没有能够得到解决，其总体效率在追赶的同时还是和民营企业存在着较大的差距。尤其是近些年来，国有企业的改革在总体向好的同时也出现了许多行为变异，这些行为变异导致其并未很好地发挥对国民福利的促进作用，甚至引发了一些对于整体国民经济的不良影响。

国有企业改革的路径直接决定了其作用，因而，不同的改革思路意味着改革的后果会全然不同。尤其是，在今天，我们把国有企业改革放在何种层次去理解，设计何种思路进行改革，直接关系到改革的全局进程，也关系到未来中国的走向，影响深远。从实际情况来看，过去的国有企业改革主要精力集中于提高企业的微观效率。对于国有企业微观效率的改善固然重要，但是，在今天的改革背景下,仅仅强调微观效率远远不够,必须站在宏观的整体经济改革和国民福利的角度来思考问题。而如果从这个角度来审视,那么,国有企业的改革道路就需要重新思考和标准。

一、国有企业改革:为什么总是难以达到预期?

从事实考察来看,国有企业改革之所以走走停停、反反复复,一个重要的原因就是人们对于国有企业在整个国民经济当中的地位、贡献依然不能十分清楚地判断,尤其是,对于国有企业这样一个背负了国家政策性负担和社会性负担的多目标的微观主体而言,其企业的性质、功能、目标究竟是什么?如何评价其在整个国民经济中的贡献,一直缺乏客观有效的共识性的指标。

虽然人们的共识是改革国有企业,以实现国有企业效率的提高,但是,由于国有企业改革被赋予了太多的目标和约束,其既是国家赶超型战略的执行者,又要承担就业、社会保障等社会性功能,既要提高效率,又要兼顾平等,政府往往既想保持对其的控制,又要其引入民营资本和现代公司治理结构等等。如果这些目标是兼容的,那么尚且有可能设计出来一套相对完善的体系兼顾多重目标,但是,从现实来看,这些目标之间往往有诸多冲突,导致人们不可能同时完成多种目标。人们对国有企业改革的具体路径的争议,很大程度上来自于对于其目标定位的争议。

而具体到中国的国有企业改革,其有内嵌于中国的转型背景。作为一个庞大的发展中转型经济体,中国的制度体系不可能尽善尽美,即使有很好的改革设计,如果没有相应的对于利益相关者各方的“激励相容”机制保障,那么,也很可能遭到扭曲变形。国有企业改革所依赖的制度体系的不完善导致国有企业改革并不能够一蹴而就，更不可能尽善尽美。这使得国有企业在改革过程中产生了诸如内部人控制、腐败、国有资产流失等“非意图后果”，也导致人们对于国有企业改革的方向产生了一些疑问。

所以，国有企业在过去的近四十年时间里，尝试了扩大自主权、两步利改税、拨改贷、承包经营责任制、股份制试点、抓大放小、战略重组、股权分置改革、主辅分离辅业改制、中央企业重组兼并、混合所有制改革等种类繁多的改革计划，这些改革在一定阶段取得了部分效果。总体而言，在过去的几十年里，经过种种改革举措，其效率、绩效的确有所改善，但是，不可否认的是，这么多年的改革后，依然没有完全实现“产权清晰、政企分开、权责明确、管理科学”的现代企业制度。国有企业的一些根本性的体制性的问题，依然没有得到根治（张维迎，1999）。而在体制机制不完善的背景下，乱象丛生。

可以预期，如果在没有理清楚国有企业职责的情形下，如果继续延续既有的思路进行国有企业改革，那么，这些改革也难以达到理想效果。而且，更为重要的是，就当下的中国经济改革而言，如果延续目前的改革思路，对于中国的整体改革的作用并不是最优的。从实际情形来看，需要转换思路。

二、国有企业的利润两极化发展：近年来的一些特征与趋势

从总体情况来看，全国国有企业的盈利状况在进入 21 世纪之后呈现持续向好的局面，国有企业的利润总额由 2002 年的 3 786.3 亿元，上升到了 2015 年的 24 970.4 亿元，2015 年的全国国有企业利润总额为 2002 年的 6.6 倍。

但是，如果从国有企业的亏损和盈利状况来看，则呈现出两

极分化、喜忧参半的局面。一方面,盈利企业的盈利额在持续上升,盈利企业的盈利额从2002年的5 588.8亿元上升到了2015年的42 281.7亿元,2015年的盈利额度达到了2002年的约7.6倍。但是,亏损企业的亏损额也在持续上升,由2002年的1 802.5亿元上升到了2015年的17 311.3亿元,2015年的亏损额度达到了2002年的9.6倍。从图18.1中,我们可以很明显地看到盈利企业盈利额和亏损企业亏损额的"喇叭口"在不断扩大,并在2008年之后不断加剧。

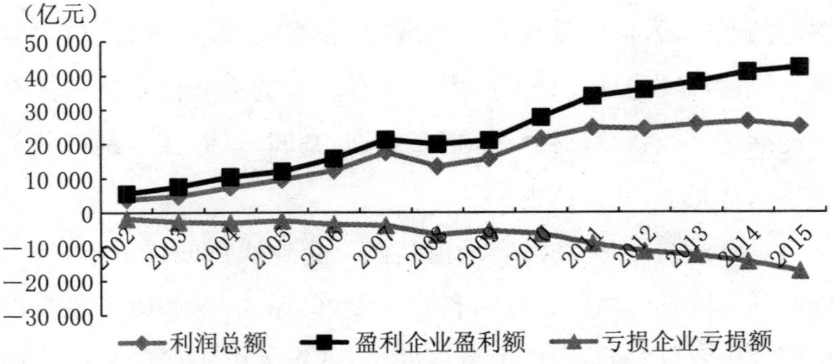

图18.1 全国国有企业的盈利与亏损情况

从逻辑上看,这主要是因为,在国家"抓大放小"的改革背景下,处于下游的产品市场基本实现了竞争,并且由于民营企业的强竞争力,下游市场的国有企业竞争力变弱,企业亏损严重,亏损额度逐渐加大。但是,在资本、金融、石油、电力、电信等一部分上游市场领域,国家依然维持了明显的垄断特征。在这些领域,往往是以少数大中型国有企业为核心,维持垄断或者寡头垄断。这种"非对称的竞争"使得一部分大型国有企业在上游市场维持了垄断能力,部分大中型国有企业的利润巨幅增长(刘瑞明、石磊,2011;杨其静,2014)。

但是，尽管这种利润增长明显，却掩盖不了两个事实：第一，国有企业的整体盈利面一直没有超过 60%，也就是说，超过 40% 的国有企业长期亏损（图 18.2），并且，在 2008 年经济危机的冲击和“四万亿”等一系列刺激计划下，由于国有企业扩张太快，反而呈现出一种恶化的态势，这在最近的几年里表现得尤其明显。第二，国有企业的利润并未能有效转化为公共财政，实现其“国有”属性。1994 年的税制改革以后，国有企业与国家财政之间实现了“利税分流”。然而，一方面，考虑到当时国有企业普遍比较困难的情形，另一方面，为了更加顺利地推进税制改革，国家做出了暂缓收缴利润的决定，导致在 2007 年之前长达 13 年的时间里，国有企业的利润并未向投资者进行分配，也未纳入到国家公共财政里面来。这一部分垄断国有企业利润转化成了内部人利益，强化了不合理的收入差距，引发了普遍的社会抱怨。直到 2007 年，国务院和财政部分别颁布《关于试行国有资本经营预算的意见》和《中央企业国有资本收益收取管理办法》，才规定从 2008 年开始，将中央国有企业分为三类，按照收取办法的比例向政府缴纳国有资本投资收益。2010 年 12 月，财政部在《关于完善中央国有资本经营预算有关事项的通知》中，进一步提高了国有资本收益的比例。

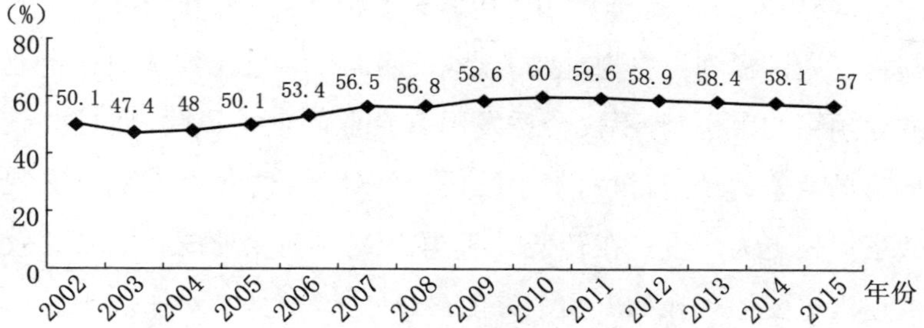

图 18.2　全国国有企业的盈利情况

三、国有企业亏损和垄断利润的社会福利后果

我们已经知道,国有企业的总体效率是比较低的,在其效率较低的情况下,这种"亏损"和"盈利"究竟给国民经济带来了什么样的影响呢?从事实的角度考察,国有企业的效率损失应该包含两个层面:一是国有企业本身的效率损失,二是由这种效率损失进一步带来的其他效率损失。

我们不妨先看一下"亏损"的国有企业对于经济的影响。在一个市场经济体制当中,一个企业的存亡取决于其是否能在市场竞争中获胜,优胜劣汰的市场竞争法则将迫使企业不断创新以维持生存并获取利润。那么效率低下本应遭到淘汰的国有企业为什么依然能够大量长期存在呢?它通过什么样的途径继续生存?文献已经认识到,低效率的国有企业之所以能够不被淘汰,其不仅可以依赖政府的财政补贴和继续维持垄断地位的方式(林毅夫、李志赟,2004),而且在新形势下能够借助向银行借钱形成的"坏账"和直接融资情况下发生的"坏股"等方式维持生存(樊纲,2000)。这些方式构成了对于国有企业的隐性补贴,是"软预算约束"的不同表现形式,由于所有这些显性或者隐性的补贴都需要由非国有部门和人民所负担,其事实上构成了"额外综合赋税",损害了人民福利。更为重要的是,长期保有大量无效率国有企业的软预算约束机制,不仅会诱发国有企业的道德风险,而且会破坏市场竞争的规则,扭曲整个国民经济体系,由此而带来的宏观效率损失更为严重。在转型时期,国家对国有企业的补贴及其效率损失主要体现在如下几个方面:

第一,通过财政补贴损害公共服务和整体效率。当国有企业

面临亏损破产时，国家往往要对国有企业进行救助，其中，最为明显和直接的一种方式就是财政补贴，通过减免税收或者转移支付的方式使得国有企业继续生存。一方面，大量国有企业亏损本身就意味着国家税收总额受损，从而国家的财政收入和公共服务水平下降；另一方面，从机会成本的角度看，对亏损国有企业的补贴本来可以用作其他促进经济增长的公共服务方面。而公共服务水平的高低会影响到经济体中所有企业的绩效和经济增长，所以，国有企业的低效率还会影响到民营企业的发展和整体经济增长。也即，软预算约束条件下国家对国有企业的亏损补贴挤出了税收和公共服务，从而使得民营企业发展受到拖累，最终损害整体经济发展，这一假说也得到了中国省级面板数据的证实（刘瑞明、石磊，2010）。

第二，通过金融压抑和所有制歧视的手段隐性补贴国有企业，造成金融体制的扭曲和效率损失。金融的健康发展和公平竞争是现代经济增长的重要源泉，但是在转型过程中，中国保持了高度的金融压抑和信贷所有制歧视体制，最典型的几个特征就是国有金融垄断、利率管制、信贷过程中偏向国有企业等。从事实来看，中国之所以要施行损害经济增长的金融压抑和所有制歧视政策，一个重要的目的就是通过金融垄断体系下的信贷偏向和低利率对低效率的国有企业进行隐性补贴，从而维持其生存。从这一事实出发，我们也可以理解为什么近年来国家对金融体制的改革屡屡不得其力、民间金融总是不能得到发展，因为，只要还有大量的国有企业需要隐性补贴以维持生存，就需要继续维持金融垄断的体系。表面上看，这种金融压抑有利于国有企业的生存，但是，这种扭曲的金融体系却损害了民营企业的发展和整体经济增长，造成了拖累效应（刘瑞明，2011a）。

第三,通过地方保护和市场分割对低效率的国有企业进行隐性保护和补贴。中国地区间的地方保护造成了大量的效率损失,被各界广为诟病。但是,地方保护和市场分割却迟迟不能得到有效治理,原因之一是,地方保护也作为国有企业的隐性补贴而存在。从本质上看,地方保护是地方政府为了避免辖区企业遭到外来企业竞争所采取的一种手段,其在事实上构建了外地企业进入本地市场的一层进入壁垒。而辖区内的企业之所以需要保护,是因为脱离了保护,其无法在与外来企业的竞争中获胜。也就是说,辖区保护事实上是在保护那些效率相对低下的企业。而在转型的过程中,由于国有企业被赋予了维护当地社会福利的功能,承担了政策性负担,再加之其自身产权不清等一系列问题,其效率相对较低。地方政府为了对辖内的国有企业进行有效的保护,对外地竞争性企业征收高昂的税收(隐性或者显性的方式),或者通过各种行政性壁垒对进入加以阻止,从而导致市场分割和地方保护。一个地区中国有企业比重越大,需要保护的企业越多,从而对外来企业所施加的进入壁垒也就越高(刘瑞明,2012)。

第四,国有经济通过生产的不确定性、企业进入壁垒、地区产业集聚、经济波动等方面损害整体经济增长。王志刚等(2006)通过对 1978—2003 年分省数据的实证检验发现,国有化程度对生产效率有负面影响,国有企业比重越高,生产的不确定性越高。杨天宇、张蕾(2009)利用 2004 年全国经济普查中 153 个制造业行业的横截面数据发现,国有经济比重对企业进入有显著的阻碍作用。王珺、杨本建(2010)也发现,国有企业更为偏好自制而非购买,这导致了集聚效应不足,国有比重越高,则地区产业集聚越差。詹新宇、方福前(2012)发现,国企改革导致的国有企业双重经营目标(利润目标和规模目标)相对权重的变化,是中国经济波动特征发生转折的重要冲击源,因此推进国企改革还有利于经济波动的平稳化。

第五,所有制结构禀赋可能会影响中国各地区的增长轨迹和经济差距。由于经济转型和市场化,那些过去遗留下来的众多国有企业在转型的过程中构成了地区发展的包袱,包袱越重,市场化进程越慢,从而经济增长也越慢。而且,由于市场的极化效应,原来落后的地区因为不能有效地提供公共服务,在要素吸引的过程中处于劣势,而那些国有比重小的地区却可以通过提供良好的公共服务吸引各种影响增长的要素,最终导致了增长的差距。也即,在向市场化转型的过程中,地区的所有制结构禀赋有可能令初始国有比重较高的地区陷入历史锁定效应,而令初始国有比重较低的地区快速发展,出现极化效应并导致地区差距的不断扩大。刘瑞明(2011b)利用中国各省 1985—2008 年的数据进行经验研究后发现,初始的国有比重越高,则后续年份的平均增长率越低,国有比重的下降显著地促进了地区经济增长。

如果说,亏损的国有企业对于国民经济的负面作用是非常好理解的,那么,“盈利”的国有企业是否就一定对国民经济有利呢?这就需要仔细辨别国有企业盈利的“性质”。从经济的角度来看,如果国有企业的“盈利”是通过正当的市场竞争获取的,那么,其盈利越多说明竞争力越强,其能够获得市场的认可。但是,遗憾的是,国有企业尤其是中央企业在最近十余年里获取的“巨额利润”却并非依赖于这些。最近几年来一小部分大型国企尤其是央企的利润非常丰厚,这给人造成一种错觉,认为国有企业的竞争力强了。虽然国有企业经过一系列改革后效率的确有所提高,但是,严格的理论分析表明,这种“竞争力”和巨额利润主要是由上游要素市场垄断带来的。改革以来,虽然处于下游的产品市场基本实现了竞争,但是,在资本、金融、石油、电力、电信等一部分上游要素市场领域,国家依然维持了以少数大型国有企业为核心的垄断特征,市场结构走向了“上游要素市场垄断,下游产品市场竞争”的格局。由于要素市场的特征,上游的高度垄断意味着,上游要素垄断企业卡住了整个经济的脖子,它们可以向下游市场企业征收隐性税收,在利润分成中具有很强的谈判能力,而这种隐性税收最终通过产品市场转嫁给了消费者,造成了人民福利的损失。也即,这种扭曲的市场结构造成了一小部分大型国有企业的垄断利润高昂,但这不能掩盖国有企业低效率的事实。而且,这种方式扭曲了整个经济体系,通过多种途径损害了长期经济发展和人民福利(刘瑞明、石磊,2011)。

如果我们牺牲了效率,但能够将这些利润充实到国家财政里面,通过公共财政的配置达到更好的福利效果,那么,对于这些“利润”的使用和评价就另当别论。但是,遗憾的是,正如我们之前已经指出的,1994 年后,长达 13 年的时间里,这些利润都没有上交国家财政。而在 2007 年的《中央企业国有资本收益收取管理暂行办法》中规定,三类中央企业的国有资本收益收取比例分别为 10%、5%、0%,2010 年的《关于完善中央国有资本经营预算有关事项的通知》中规定,四类国有资本收益收取比例分别为 15%、10%、5%、0%。从整体来看,这些国有企业垄断利润都并没有实现其“国民福利”的目的,反而在转型时期造成了严重的“分配不公”,激发了社会矛盾。

通过对这几条途径的梳理和研究,我们认为,所有制结构在整个国民经济运行中扮演了极其重要的角色。在国有企业本身效率低下的条件下,其通过财政补贴、金融压抑、所有制歧视、市场分割和要素垄断等途径损害了民营企业的发展,拖累了整体的经济增长。这些结论也得到了实证文献的验证，国有企业规模和经济增长率之间存在着稳健的负向关系（Lin，2000；Chen 和 Feng，2000；林毅夫、刘明兴，2003；董先安，2004；Phillips 和 Shen，2005；刘瑞明、石磊，2010；刘瑞明，2011；刘瑞明，2012；等）。

目前，从中央到地方到公众，大家都已经意识到了国有企业低效所能够带来的弊端，所以，大家的大目标都是要改革，这个是共识。但是，国有企业之所以走走停停，反反复复，是因为国有企业被赋予了太多的目标，且这些目标内在冲突。所以，改进是有的，但是问题难以根治。

从目前来看，国家的改革思路主要有两种。一个是混合所有制，另外一个是分类改革。这两种改革能够解决问题吗？笔者个人认为，从理论上来看，有效果，但也不能解决根本性的问题。为什么？因为，我们还是在一系列冲突目标下进行这些改革，在既有框架底下我们没有去动剩余索取权和剩余控制权匹配的问题，也就难以解决企业内在的激励相容难题。例如，混合所有制改革，如果是长期“亏损”的国有企业，往往是处于下游的竞争比较激烈的企业，这时，市场本身是开放的，民营企业没必要通过“混合”来突破进入壁垒，“混改”的动力不足，在最近几年下游实体经济不景气的情况下，更难执行。而如果是持续“盈利”的企业，往往是处于上游、拥有垄断地位的国有企业，此时，民营企业是愿意“混合”的，但是，如果不放开进入壁垒、不改变它的市场结构，只会造成垄断情形下不同的瓜分者进来，而不是真正解决问题。

分类改革是一个很好的思路，也适用于中国的国情。但是，目前的分类有很大的问题。例如，目前划分了“商业类”和“公益类”，“商业类”和“公益类”的概念很好，但是，在实际操作过程中，我们很难界定它们的边界，这就不是一个好的设计。每一个企业都会说,我是“公益类”的,而且,每个企业都能够拿出相应的理由说明“公益”所在。在这个情形下,再加上还有一个条件,叫做“谁出资谁分类”,也就是说,缺乏第三方权威判定,这就更加不可执行了。所以,尽管这些改革方案相比之前有所改进,但是,可以预期,它们在目前经济形势下是不可能解决根本性的问题的。

四、国有企业改革的另一条道路:一收一放,推动整体改革

我们前面讲,国有企业改革在目前的框架下,很难真正解决问题。那么,有没有替代的办法来解决问题呢?

今天,对于国有企业改革的理解,我们不能仅仅站在国有企业改革的角度来看问题,而是需要站在改革全局的角度来看问题。这是因为,作为传统计划经济体制向社会主义市场经济体制转型的国家,所有制改革是核心中的核心,是所有改革的“牛鼻子”。只有认清国有企业在其中的地位、作用,才能真正布局好下一步的改革,才能对整体改革有把控。

如果简单地从提高效率的角度来看,我们应该实现国有企业的“民营化”和“股份化”。从数据上来看,这个是能够提高效率的。但是,客观来看,这一条道路,我们目前遇到了几个不可逾越的障碍:第一,在意识形态上,中国是一个社会主义国家,从马克思经典理论的推理来看,公有制为基础的经济制度是其应有含义,如果我们要维持社会主义的体制,就不可能施行完全的“民营化”政策。第二,从政治的角度来看,国有企业是中国共产党的执政基础,一部分涉及国民经济命脉的行业也不可能完全实现“民营化”。而且,我们必须承认,如果要让民营化起到预想的作用,必须是要有一个良好的制度制约的政治架构,但是,我们是一个

转型国家，各种制度体系不完整，如果出现和苏联解体后的“寡头垄断”和“寡头政治”类似的情形，那么，对于人民福利而言，其实是更不幸的。第三，从现实的角度来看，即使要对国有企业进行“民营化”，那么，也要考虑到对于国有企业的退出壁垒，如何解决下岗工人的再就业问题、如何使得利益集团放弃既得利益？如果是经济上行期，这些现实难题还好解决一些，但是，在经济下行期，这些问题就很难解决。

更为重要的是，我们国家今天所面临的问题，不再像前三十年改革时的情形，那个时候，后发优势明显，人口红利、资源红利、外资红利、土地红利、制度红利等都可以利用，经济增长潜在水平很高，改革如果出现一些挫折也可以迅速恢复。但是，今天，我们遇到的情形是，全球政治、经济形势错综复杂，新兴经济体发展对世界经济影响日益扩大，国内经济形势下行压力较大，社会矛盾问题长期积累多发，“三期叠加”矛盾凸显，传统发展方式积累的沉疴病垢和藩篱正在破冰。改革已经进入到所谓的攻坚期和僵局期，过去，我们可以对某一个问题进行“局部改革”，取得巨大的成效。但是，今天，“局部改革”都已经进入到了“改不动”的尴尬局面，也就是说，今天，几乎所有的改革，“好啃的骨头差不多都啃完了”，剩下的都是“难啃的骨头”。而这样一个背景下，第一，不能乱改革，因为哪怕改革的方向是对的，改革的次序不对就可能适得其反。第二，改革要有“整体思维”和“系统思维”，不能就某一项改革来谈某一项改革，因为，真正的问题可能是来自其他一些方面的制约。陷入到“头疼医头、脚疼医脚”的思路，不可能实现改革的目的。

比如说，拿我们前面讲到的问题来看，市场分割是中国长期以来的顽疾，几十年来一直存在。按理来说，中国内部不应该有这么严重的市场分割,但是,我们要维护国有企业的低效率产品有市场,政府干预进来,就有了市场分割。金融业的改革已经近四十年,但是,到目前为止,依然维持了国有金融垄断的格局,一个重要的原因是,金融扮演了“第二财政”的角色,要不断为国有企业“输血”。再比如,我们常常抱怨的户籍制度改革,从中央到地方,都认为应该改革,但是为什么改不掉?从根本上来看,是因为城镇里有大量的国有企业,资本密集型的特征决定了其不能很好地解决就业,所以导致大量的农村劳动力滞留在了农村。当年户籍制度的出台,也跟重工业优先发展战略导致的就业扭曲有关系,正是在重工业优先发展战略下,不能解决就业,为了限制人口的流动,才有了严格执行的城乡户籍分割。农地制度如果能够改革的话,可能会成为中国农村的“第二次革命性的飞跃”,但是,为什么农地制度不能够改革呢?除了意识形态和其他因素,一个很重要的原因在于,城镇不能提供良好的就业保障,大量的人口滞留农村,导致真正的规模化经营无法启动,城乡一体化的改革也就无法实质性地推进。而我们常常抱怨的社会保障制度,又遇到一个问题,因为我们面临大量的社会保障资金缺口,即使有很好的改革意愿,又能怎么办呢?

因此,我们讲了这么多,可以发现,改革已经进入到“攻坚期”,这么多重要的改革都是“互相掣肘”。例如,金融体制不改革,就不能有力地服务于实体经济,而实体经济尤其是民营经济的融资问题不解决,就意味着我们的就业、税收、增长都难以保障;社会保障不改革,就意味着农村改革不可能真正推进,而农村改革不推进,城乡二元差距就不可能有效地缩小。这就意味着,我们今天的改革必须从“整体思维”和“系统思维”来看。而梳理一下这些重大的改革,我们不难发现,这些改革虽然千头万绪,但是，都和国有企业改革相关，所以，国有企业改革是一个整体改革的“牛鼻子”。

为什么要这样讲，这就要回到我们的图 18.1 上来，在这张图上，我们可以找到另一条改革的道路。简单来讲，就是，承认国有企业的国民福利属性，用“国企来改国企”。中央应该通过“一收一放”来实现国有企业改革，并带动“整体的改革”，而从具体的路径来看，套用中央的提法，应该实现“三去一降一补”，但其内涵有所不同，是“去亏损、去补贴、去壁垒，降国有比重，补国库资金”。

我们可以看到，国有企业出现了“两极化”，一部分国有企业的亏损额在不断增大，到 2015 年的时候达到了 17 311.3 亿元，这是一个巨大的数字。我们前面已经指出，在国有企业本身效率相对低下且需要国家通过各种方式补贴才能生存的时候，其会通过财政补贴、金融压抑、所有制歧视、市场分割和要素垄断等途径产生了拖累效应，从而最终损害了整体的经济增长。因此，如果要想实现健康快速的经济发展，就必须坚定不移地对这部分国有企业进行改革，通过“民营化”“股份化”实现混合所有制改革，提高效率，“去亏损、去补贴、去壁垒，降国有比重”，从而减轻财政负担，为放松金融管制、消除市场分割、削弱要素垄断和平衡地区经济发展等创造有利的条件，实现经济增长的良性健康发展。

另一方面，国有企业尤其是国有中央企业的盈利能力不断上升，在 2015 年达到了 42 281.7 亿元，这个数值占到了当年中央财政收入接近 30%。如果我们承认国有企业的定义，是指“企业全部资产归国家所有，并按《中华人民共和国企业法人登记管理条例》规定登记注册的非公司制的经济组织”，也承认国有企业是“国民福利”的承担者，那么，对于国有中央企业的利润上缴就是当前必须要采取的手段。一方面，我们知道，国有企业本身就是国民福利的载体,其所有利润应该通过公共财政配置,让每个公民都能够享受到其所带来的收益。由中央政府来实现“全额上缴”是“天经地义”的事情。另一方面,我们已经知道,这部分巨额的利润其实是垄断所能够带来的“租金”,如果不是由中央财政配置到“公共财政”中,而是按照目前的上缴比例的话,相当部分的垄断租金其实是转化成了国有企业内部控制者的利益,这加剧了社会不公,也激化了社会矛盾。并且,这部分利益太过庞大,可能会产生政治诉求,这会危及国本。

而且,上述两种改革有可能是实现良性互补的动态关系。如果中央财政通过收缴国有企业的垄断利润,实现财政资金的补充,就意味着,其可以启动很多方面的改革,比如,对于地方亏损国有企业的改革有了补偿基金,会加速改革,对于社会保障制度和户籍制度改革,因为有了财政的保障,就可以实现更为快捷的改革。而通过“去亏损、去补贴、去壁垒,降国有比重”,把改革的包袱甩掉,一方面,这减轻了既有的财政救助负担,另一方面,刚才我们讲到了,金融垄断、市场分割、行政壁垒等这些都是跟国有企业的增长拖累后果有关系,如果我们能够进行国有企业民营化改革,则又可以带动这些改革。一旦这些改革启动,就构成了整体改革的巨大红利,而一旦整体改革启动,这部分又可以带来新一轮的经济增长,增加国民就业,充实财政,进入到一个良性循环中去。

所以,改革的顶层设计应该分两方面:一方面,竞争领域的中小国有企业应该继续民营化、股份化,通过放松金融管制、消除市场分割、削弱要素垄断和平衡地区经济发展等来释放整个经济活力。另一方面,处于垄断地位的国有企业和中央企业,不应该通过混合所有制改革,因为这个只会改变垄断利润分配。理想的央企改革路径是两步走，第一步，回归国有企业的“国民福利”属性，大幅提高这部分企业利润上交比例，把它充实到国家财政和社保基金里面，推动其他的改革稳步推进。第二步，待整体改革进入后期收尾阶段，对一部分超大型国有企业进行分拆、引入社会资本，在加强竞争、提高效率的同时，避免“权贵资本主义”的出现和对国家的绑架，走向现代成熟市场经济体制。从目前形势来看，应该先走第一步，后走第二步，可以取得多个目标兼顾的目的。当然，我们这里需要提醒一下，这个方案需要非常明确的制度设计，也需要一系列制度保障，它只是理想的路径，需要我们有一个很好的制度设计来保障！

参考文献

Chen, B.Z. and Feng, Y., 2000, “Determinants of Economic Growth in China: Private Enterprise, Education and Opennes”, *China Economic Review*, 11(1):1—15.

Lin, S. L., 2000, “Resource Allocation and Economic Growth in China”, *Economic Inquiry*, 38(3):515—526.

Phillips, K.L. and Shen, K.R., 2005, “What Effect does the Size of the State-owned Sector Have on Regional Growth in China?”, *Journal of Asian Economics*, 15:1079—1102.

董先安：《浅释中国地区收入差距：1952—2002》，载《经济研究》2004 年第 9 期。

樊纲：《论体制转轨的动态过程——非国有部门的成长与国有部门的改革》，载《经济研究》2000 年第 1 期。

林毅夫、蔡昉、李周：《充分信息与国有企业改革》，上海人民出版社、上海三联书店 1997 年版。

林毅夫、李志赟：《政策性负担、道德风险与预算软约束》，载《经济研究》2004 年第 2 期。

林毅夫、刘明兴：《中国的经济增长收敛与收入分配》，载《世界经济》2003 年第 8 期。

刘瑞明：《金融压抑、所有制歧视与经济增长：国有企业效率损失再考察》,载《经济学季刊》2011 年第 10 卷第 2 期。

刘瑞明:《所有制结构、增长差异与地区差距:历史因素影响了增长轨迹吗?》,载《经济研究》2011 年第 2 期。

刘瑞明:《国有企业、隐性补贴与市场分割:理论与经验证据》,载《管理世界》2012 年第 4 期。

刘瑞明、石磊:《国有企业的双重效率损失与经济增长》,载《经济研究》2010 年第 1 期。

刘瑞明、石磊:《上游垄断、非对称竞争与社会福利——兼论国有大中型企业利润的性质》,载《经济研究》2011 年第 12 期。

王珺、杨本建:《企业所有权结构与产业集群的形成》,载《管理世界》2010 年第 4 期。

王志刚、龚六堂、陈玉宇:《地区间生产效率与全要素生产率增长率分解(1978—2003)》,载《中国社会科学》2006 年第 9 期。

杨其静:《理解国有经济:产业控制的政治经济学视角》,载《学术界》2014 年第 7 期。

杨天宇、张蕾:《中国制造业企业进入和退出行为的影响因素分析》,载《管理世界》2009 年第 6 期。

詹新宇、方福前:《国有经济改革与中国经济波动的平稳化》,载《管理世界》2012 年第 3 期。

张维迎:《企业理论与中国企业改革》,北京大学出版社 1999 年版。

第 19 章
国企重镇东北振兴的增量改革

潘英丽

最近，学界、业界对林毅夫教授主持的《吉林省经济转型升级研究报告(征求意见稿)》有很多讨论或不同意见的发表。“东北振兴”“再振兴”始终未见成效，这几年东北经济继续塌陷。东北如何转型发展是国家领导人极为重视并深感揪心的问题。人们高度关注“新结构经济学”能否破解东北转型发展的难题，是十分自然的事。笔者去年暑期去内蒙古，到过满洲里，近期也多次去辽宁和吉林开会，回来后曾经思考过东北如何转型发展的问题。目前学界争议主要集中在：现行国有企业体制不变条件下政府产业政策能否破解东北振兴难题；东北转型发展应聚焦什么产业。笔者趁学界热议之际，对这两大问题发表几点意见，供政府决策参考。

一、生产要素四分法和以人为本的市场导向

(一) 社会资本是传统生产要素的粘合剂

世界银行曾经将国民财富分为生产性资产、自然资本、人力

资源和社会资本四类。社会资本是一种文化与制度的混合物,决定着一个社会给定的资产在转化为可持续福利方面为何比另一个社会更有效。或者说,社会资本积累决定着前三大生产要素增进国民福利的效率。这个四分法可以作为国家之间和一国内部地区之间资源禀赋比较优势的有效分析框架。

就现状而言,中国的国民财富结构存在失衡。重资产行业的固定资产和房地产等非生产性资产存在过度投资和泡沫;自然资源透支性开发,生态环境遭到破坏;人力资本积累仍然不足,在劳动力供给的可持续性方面,在劳动者健康、技能和综合素质方面还有待提高;在社会资本积累方面是有利有弊的。社会资本积累或包括文化在内的广义制度可理解为经济活力、动力与国家治理能力的综合决定因素,是传统生产要素的粘合剂,因而也是社会经济发展的核心要素。我国在社会稳定、国家统一,进而保有全球最大潜在市场方面优势明显。城市土地国有制,行政配置资源的金融抑制政策也曾经发挥过促进增长、稳定经济的积极作用。但是政府职能的扭曲,权贵凭借权力攫取稀缺资源再通过市场兑现占为己有的现行体制已造成严重的经济不平衡问题和社会不稳定隐患。

从战后 70 余年的国际经验来看,和平与发展与很多非洲国家无缘。作为世界级难题其原因复杂,但是缺乏有利于生产性投资的社会资本积累显然是其十分重要的原因。就我国东北地区经济塌陷而言,根植于国有经济重镇的本地传统文化深处"隐性体制"(刘世锦语)或潜规则显然是窒息经济活力、动力的社会资本"负资产"。资源禀赋与产业的比较优势分析必须与广义制度的比较分析相结合,否则必定会有重大缺憾。

(二) 产业发展应"以人为本"

产业定位需要建立在以人为本的市场导向基础上,应系统研究我国人口结构和收入结构。人口年龄结构给出本国居民自身发展的客观需要，收入结构则决定了这些客观需要在何时并以何种规模转化为有购买力的市场需求。因此，东北经济转型升级的发展规划需要建立在宏观环境、我国现行产业结构和市场需求未来发展趋势的分析基础上。民营企业投资必定是以市场为导向的，吸引民间资本需要考虑产业发展的市场容量。国家投资也需要支持有持续市场需求的产业发展，以避免战略资源的错配或浪费。

当前中国产业结构存在严重失衡。由于以银行为主体、以国家信用担保为基础的金融体系的扭曲，出现过度依赖抵押品和国有制成分的金融资源错配，形成制造业、房地产业和地方政府基础设施过度投资和重资产行业产能过剩的严重局面。目前制造业产能利用率在 65%—70%之间，过剩产能规模估计是加入 WTO 前的 5 至 7 倍。2015 年国企和央企负债率分别高达 74.5%和 89.5%。在民间投资持续低迷背景下，我国基础设施投资持续保持在 20%的高增长，除了保增长外，消化过剩产能，避免国有企业塌陷引发债务危机。作为民营企业主战场的纺织服装等轻工产业产能过剩也是十分严重的。中国生产的纺织品在全球范围内可以说是铺天盖地。以 T 恤生产为例，早在几年前，年产量就达到了 500 亿件，全球每人每年 7 件的供应量。相信近十年来民营企业已经经历了自发的市场调整，这也是产业资本游离实业，脱实向虚的重要背景。因此，东三省的产业发展需要寻找新方向，寻求新突破。本土制造业发展的主要任务是稳中求进、转型升级；决非规模扩张。

从“以人为本”的发展理念出发，笔者可对产业发展和财富结构调整的未来趋势做如下推演：(1)最终消费需求的演变趋势是随着人口老龄化和人均收入的提高,物质产品消费的相对重要性下降;精神文化产品、体验与即时消费服务的重要性增强。中国居民出境旅游、休闲和度假已多年维持在1亿人次之上,并保持快速增长势头。(2)财富结构演变趋势是技术折旧、物质损耗以及共享理念的兴起将导致物质财富需求及其市场价格的相对下降;精神文化财富具有共享性、耐耗性或永续性,其效用与市场价值将不断上升。(3)具有文化内涵和技术含量的物质产品生产能力(涉及制造业优化升级与消费品质量与品牌影响力的提升)、精神文化产品的生产能力,以及即时消费服务的供给能力的重要性日益显现。(4)发展水平的多层次性与多元社会结构将使中国各阶层分阶段进入到后物质主义时代。(5)生产将从标准化、大规模的生产方式转向个性化、人性化、多样化和小制作的生产方式。(6)与此相适应,经营理念和商业模式将面临不断的创新与变革。

二、东北振兴需要"增量改革"

笔者认为,以往东北振兴政策未能取得成功,很大程度上是因为新资源被旧体制(特指根植于本地文化深处的隐性体制或潜规则)吞没。有效率的企业组织是有效组织社会资源进行投资和生产的微观主体,东北缺乏有效率的企业组织是东北塌陷的直接原因。以往中央政府所给的地区发展政策只是提供资金或增量生产资源,未能对培育有效率企业组织发挥积极作用。东北振兴需要将重心放在营造有利于现代企业组织发育和成长的制度环境上。增量改革的内涵有两点:

(一) 创设改革试验与新产业发展的特区

制度能否输入?或者说在旧体制上能否复制新制度?新制

度的植入不会有本土利益集团的干扰，新制度形成过程中从外部招商引资、引进人才、技术和劳动者，任何企业和个人都需要按特区的制度和规则行事。建设改革试验与产业发展特区是以先进制度整合外来资源，排除了旧势力扭曲新制度或扼杀外来新生力量的可能性。因此，可在东北三省自然环境良好，经济相对落后的地区分别设立一个作为改革试验田和新兴产业发展基地的特区。特区具有地级市的行政级别，归国家发改委直管，税收由省市两级政府分成。

（二）国有经济维持稳定、非公经济自由发展

“增量改革”是中国渐进经济改革取得成功的重要经验。上世纪 80—90 年代，我国政府通过财政投入和银行政策性贷款维持国有经济稳定，同时促进非公经济快速发展；在非公经济壮大起来后，党的十五大启动了国有资本退出竞争性行业的战略调整。亏损累累的国有企业通过民营化改革起死回生。民营部门在快速发展的同时也帮助国有部门消化吸收了数千万下岗工人。国有部门就业已从本世纪初的 60%下降到目前的 15%。

笔者建议，东北过剩行业的国有企业改革应在强大的组织动员和形成社会共识的基础上以分拆出售子公司/分公司的方式瘦身，或者以降薪休假、下岗培训、带职停薪等更为温和的方式部分去产能，近中期以维持社会经济稳定为直接目标。同时让民营企业和三资企业在特区自由发展。政府可以土地和自然资源入股形成国有股权，以财务投资者身份分享企业成长成果，不干预企业的经营活动。特区初创时期实行两免三减半的税收优惠政策；特区官员可由中央政府从沿海开放省市干部中选派，也可向社会公开招聘，行政和企业管理业绩突出的优先录用；在行政高效率基础上实施高薪养廉的薪酬制度。

三、东北振兴的新产业定位:直接为人服务的最终消费产业

2007年中国人口占全球19%,消费仅占全球的5.3%,美国人口占全球5%,消费却占全球的30.2%。中国借钱给美国人支持其高消费的相互依存模式,长远来看对中国具有更大的战略风险。中国经济转型需要需求侧改革,即加大力度启动内部消费需求,以减轻经济增长对投资和出口的依赖。

有三个总和生育率数据可基本刻画中国人口结构的主要特征和消费需求的变化态势。我国1961年、1990年和2015年的总和生育率分别为6.1、2.2和1.047。50—60年代这一代的人数大约是后面两代人的1.5倍,而且50—60后和80—90后这两代人是财富已经积累和正在快速积累的人群。未来十余年中国进入中产阶级的人数将达6—7亿人。因此研究这两段年龄人口的消费需求将可锁定未来大部分高成长产业的所在领域。

2020年,1950—1965年出生的人群年龄在55—70岁。其需求的排序应该是:健康、高品质食品、休闲娱乐和度假旅游。相比较,80—90后一代的年龄在20岁至40岁,有着高品质食品、强体健身、文化娱乐、冰雪运动与野外体验等等消费需求。除此之外,学习已经成为现代人的基本生活方式,因此在上述消费产品和服务业的发展中还可嵌入各类教育培训项目。比如老年人的文化艺术鉴赏与体验项目、年轻人的各类技能培训以及供各大企业开展培训的基地都可开设。东北三省完全可以借助其冬天冰雪、夏天凉爽、春华秋实的气候条件,较少污染的森林环境,以及多国文化与本地少数民族多元文化交融的比较优势,建成中产阶级休闲、度假和游乐的人间天堂。

最后，需要放宽外资的市场准入，吸引国外领先的大健康、大文化企业进行直接投资，或以 PPP 的方式，将民营资本、外国资本与国有资本相结合，创设全球一流的文化娱乐企业，弥补现阶段当地旅游文化产业品位较低，品种单一的供给能力不足。

图书在版编目(CIP)数据

国企改革:难点突破与路径选择/张晖明等主编.
—上海:格致出版社:上海人民出版社,2019.1
(中国经济开放论坛)
ISBN 978-7-5432-2834-4

Ⅰ.①国… Ⅱ.①张… Ⅲ.①国有企业-混合所有制-企业改革-研究-中国 Ⅳ.①F279.241

中国版本图书馆 CIP 数据核字(2017)第 328034 号

责任编辑 钱 敏
装帧设计 路 静

中国经济开放论坛
国企改革:难点突破与路径选择
张晖明 钟宁桦 黄少卿 潘英丽 主编

出 版 格致出版社
上海人民出版社
(200001 上海福建中路 193 号)
发 行 上海人民出版社发行中心
印 刷 上海商务联西印刷有限公司
开 本 890×1240 1/32
印 张 8
插 页 2
字 数 174,000
版 次 2019 年 1 月第 1 版
印 次 2019 年 1 月第 1 次印刷
ISBN 978-7-5432-2834-4/F·1091
定 价 48.00 元